대한민국 마라톤 진흥의 역군,
제주에서 평양까지의 마라톤 투혼

제주에서 평양까지, 마라톤 인생 30년

한국마라톤TV·대한생활체육회 마라톤협회장
원곡 이규운 지음

글로벌마인드

대한민국 마라톤 진흥의 역군,
제주에서 평양까지의 마라톤 투혼

제주에서 평양까지, 마라톤 인생 30년

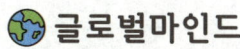

목차

프롤로그 아마추어 마라톤 부흥의 역사적 사명을 띠고 · 6

제1장 마라톤 인생 30년 결산보고서
코로나 광풍에도 매주 기적의 마라톤대회 · 16
우리 주변 걷기·달리기 여행의 매력 · 22
잊지 못할 고 박원순 시장과의 특별한 인연 · 26
가슴 벅찬 평양·우도(제주)마라톤대회 · 35
30년 마라톤 삶 버팀목, 울릉도마라톤대회 · 43

제2장 호텔인에서 관광인으로의 점프
'호텔인'에서 '여행인'으로 점프하다 · 54
'경주동아마라톤대회' 테마 여행 상품 승부수 · 64

제3장 마라톤대회 기획·대행사로의 대변신

이부스키나노하나국제마라톤대회 테마여행 · 70

마라톤 국제화, 국제관광서울마라톤대회 · 82

내 생애 최고 울릉도마라톤대회 뒷이야기 · 88

새천년 마라톤 산업, 성장기를 힘차게 달리다 · 95

안보, 그리고 평화통일의 염원을 담아 · 110

전라도 지역 마라톤대회 꽃 피우다 · 117

명품 마라톤대회, 여의도벚꽃·서울봄꽃레이스 · 126

아름다운 서울, 국제관광서울마라톤대회 · 138

마라톤대회는 계속 이어지고 발전한다 · 146

세계직장인올림픽대회 서울 유치 성과 · 163

뉴욕·타이완국제마라톤, 남다른 애정·추억 · 168

한국마라톤TV·대한직장인체육회마라톤협회 · 177

나의 지난 30년 마라톤 인생을 되돌아보며… · 184

마라톤 문화 발전·창달(暢達) 위한 제언 · 195

맺는말 마라톤, 길 위에서 배우고 성장하는 과정 · 201

제4장 축사

프롤로그

아마추어 마라톤 부흥의
역사적 사명을 띠고

내 인생 젊은 날을 보내고 어느덧 고희를 바라보는 지금, 인생 여정에서 만났던 수많은 기억이 주마등처럼 머리를 스쳐 지나간다.

젊은 시절에는 세상이 커 보였고, 나의 선택은 한없이 자유로웠다.

반짝이는 가능성이 가득하던 그 시, 꿈과 포부를 가슴에 안고 세상으로 나아갔다.

사람들은 종종 인생을 마라톤에 비유한다. '마라톤은 인생의 축소판과도 같다'라고 한다.

그 말을 처음 들었을 때, 나는 어느 호텔에서 사회 초년병으로서의 사회생활을 막 시작하던 무렵이었다. 호텔의 화려한 로비와 바쁘게 오가는 여행객들 사이에서, 나는 나름의 속도로 인생을 달리고 있었다.

하지만 호텔이라는 작은 세계는 나의 꿈을 채우기에 왠지 작다고 느껴졌고, 나는 여행업계의 더 넓은 세상으로 발을 내디디고 싶었다. 손님들의 이야기를 들으며 그들이 걸어온 길과 가고자 하는 길에 대해 알게 될수록, 나의 삶 역시 하나의 여정처럼 느껴졌다.

그래서 나는 여행문화연구소를 설립하며 새로운 도전을 시작했다.

그 이전까지도 역사와 문화, 자연을 사랑했지만, 이를 통해 사람들에게 어떤 가치를 전달할지에 대한 고민은 막연했다.

그러던 중 답사와 여행을 통해 누구나 심신 건강을 회복하고 마음의 평화를 얻으며, 삶의 본질을 되찾을 수 있다는 사실을 깨달았다. 자연과 역사의 길 위에서 우리는 자신의 뿌리를 찾고 내면의 에너지를 되살릴 수 있다.

이 신념은 이후 나의 모든 활동의 밑거름이 되었다.

그러던 어느 날, 출장으로 방문한 일본에서 나는 마라톤대회의 참모습을 처음으로 마주했다. 그것은 단순한 스포츠 이벤트가 아니었다. 현지 주민과 여행객, 젊은이와 노인, 프로 선수와 아마추어까지 모두가 하나로 어우러져 만들어내는 거대한 축제 한마당이었다.

길가의 응원단은 열렬히 박수를 보냈고, 마라토너들은 각자의 목표를 향해 묵묵히 달리는 그러한 광경은 나를 여러모로 사로잡았다.

마라톤은 단순히 빠르게 달리는 것이 아니라, 각자가 자신만의 리듬으로 꾸준히 나아가는 과정임을 그때 깨달았다.

그날 이후, 내 삶에는 새로운 꿈이 생겼다. 여행과 마라톤, 두 가지를 결합해 사람들에게 더 큰 영감을 줄 수 있는 일을 해보고 싶었다.

그러나 처음부터 쉬운 길은 아니었다. 여행 전문가로서 안정된 커리어를 이어가던 내가 마라톤대회 기획에 도전한다는 것은 주변 사람들에게 돈키호테처럼 보였을 거다.

내가 첫 번째 마라톤대회를 기획했을 때 대회 규모는 비교적 작았고, 준비 과정은 고난의 연속이었다.

기획 단계부터 참가자 모집, 스폰서십 확보까지 모든 것이 낯설고 어려웠다. 처음에는 실수도 적지 않았다. 그러나 실수를 저질러서 뭔가 배운 일이 있다면 그것은 실수가 아니라 돈 주고도 살 수 없는 인생의 소중한 경험이라 생각했다.

아울러 그런 실수는 가능하면 일찍 저질러 보는 것이 살아가면서 피가 되고 살이 될 것이라고 여겼다. 그러한 과정 가운데 대회가 끝난 후, 완주한 사람들의 환한 미소와 감사의 말을 들으며 말할 수 없는 뿌듯함과 보람을 느꼈다.

그러한 일련의 일을 통해 나는 더 큰 확신을 지니게 되었다. 내가 선택한 새로운 길이 옳았다는 것을 비로소 느낄 수 있었다.

이렇게 매년 새로운 대회를 기획하고, 더 많은 사람에게 도전의 기회를 제공하며 나의 삶 역시 끊임없이 알차게 여물어갔다.

그 후로 나는 전국 각지에서, 때로는 국제적으로 다양한 마라톤대회를 기획하며 수많은 사람과 함께 달렸다.

국내에서 '국제관광 마라톤대회', '독도 지키기 울릉도마라톤대회', '여의도 벚꽃 마라톤대회' 등 수백 개의 대회를 주관하거나 대행했다.

그리고 뉴욕국제마라톤대회와 타이베이국제마라톤대회에 한국 참가자들을 연결하고, 금강산 통일 마라톤대회와 같은 독특한 이벤트를 개최하며, 마라톤을 통해 새로운 길을 한숨 돌릴 겨를 없이 달려왔다.

특히 기억에 남는 순간 중 하나는 금강산 통일 마라톤대회와 함께 평양 마라톤대회 등이다. 남북한이 함께 달리며 서로 다른 이념과 체제를 넘어선 화합의 메시지를 전달한 이 대회는 단순한 스포츠 행사를 넘어선 상징적 의미를 국내외에 널리 알렸다.

이러한 대회를 통해 나는 마라톤이 단순한 신체적 도전을 뛰어넘어 사람들 간의 연결과 이해를 증진하는 도구임을 다시금 깨달았다.

마라톤은 경계를 허물고, 마음을 열며, 하나의 공동체를 형성하는 마력을 지니고 있다는 것을 체험할 수 있었다.

이렇게 30여 년, 나는 강산이 세 번 정도 변한다는 마라톤대회 기획·진행과 함께 달려왔다.

지금은 한국마라톤TV의 대표이사로서 마라톤 관련 콘텐츠를 제작하고, 마라톤 문화 확산에 힘쓰고 있다.

나에게 한국마라톤TV의 설립은 또 다른 전환점이었다. 나는 마라톤과 관련된 모든 것을 시청자들과 공유하고, 마라톤 문화를 더 널리 알리고

자 했다.

 마라톤대회 생중계, 훈련 가이드, 참가자들의 인터뷰 등 다양한 콘텐츠를 통해 사람들에게 마라톤의 매력을 전파했다. 특히, 각자의 이야기를 품고 달리는 참가자들의 모습은 많은 이들에게 감동과 영감을 주었다.

 한국마라톤TV는 단순한 방송 채널이 아니라, 마라톤을 통해 사람들의 삶을 변화시키는 플랫폼으로 자리 잡았다.

 아울러 나는 대한직장인체육회 마라톤협회장으로 활동하고 있다. 관련 업무성과에 대한 공로를 인정받아 명예박사 학위를 받기도 했다.

 대한직장인체육회 마라톤협회의 회장으로서 나는 직장인들에게 건강과 삶의 활력을 되찾아 주는 일에 역점을 두어왔다. 불꽃 튀는 업무 환경 가운데 앞만 보고 달려온 지친 직장인들에게 마라톤은 단순한 운동 이상의 진가를 제공한다. 그것은 스트레스를 해소하고, 동료들과의 유대를 강화하며, 자신감을 되찾는 레저 활동이다.

 협회는 직장인 마라톤대회를 개최하고, 초보자를 위한 교육 프로그램을 운영하며, 국내외 마라톤대회 참가를 지원해 왔다. 이러한 활동을 통해 수많은 직장인에게 새로운 삶의 방향과 동기를 부여해 왔다.

 이렇듯 나는 지난 마라톤 비즈니스 여정을 되돌아보는 이 자서전을 통해 마라톤 행사 기획자이자 행사 진행자로서의 스스로 되돌아보고, 지난 세월 내가 일조한 한국 아마추어 마라톤 부흥이라는 역사적 의미와 사회적 효용성에 대해 내 나름의 관점과 시각으로 그 실상을 독자들에게 제대로 전달하기를 바란다.

마라톤을 사랑하는 사람들에게, 또는 마라톤을 잘 알지 못하더라도 그 매력에 관해 관심이 있는 독자들에게 마라톤의 그 놀라운 세계에 대한 영감과 동기 부여가 되었으면 한다. 나의 이야기는 단순히 마라톤대회의 기획과 진행에 관한 그 숨은 이야기를 펼치려는 건만은 아니다.

우리 모든 이의 삶의 여정에 대한 도전과 극복, 그리고 사람들과의 네트워크(연결)와 소통에 관한 이야기이다. 마라톤은 나에게도 삶의 의미를 가르쳐 주었고, 나는 그 가르침과 진가를 더 많은 사람과 나누고 싶었다. 누구나 직면하게 되는 삶이라는 긴 마라톤에서, 우리는 모두 각자의 출발선에 선다. 그리고 각자의 속도로, 각자의 방식으로 결승선을 향해 전진해 나아간다.

중요한 것은 얼마나 신속하게 목적지에 도착하느냐가 아니라, 그 과정에서 무엇을 배우고 누구와 함께했는가가 더욱 중요하다고 본다. 나는 마라톤과 함께한 지난 30여 년의 여정을 통해 이 진리를 마음 깊이 깨달았다.

이제 이 책을 통해 여러분과 나의 이야기를 허심탄회하게 나누고자 한다. 우리가 함께 달려갈 길이 더욱 의미 있고 아름답기를 희망하면서.

자~ 당신의 이야기도 같이 떠올리며 우리 함께 이야기 속으로 달려가 보자.

2025년 5월
원곡 이규운

▼ 2005년 11월에 평양에서 열린 평양통일마라톤대회

▼ 2017년 9월 박원순 전 시장과 함께한 이규운대표(맨좌측)

▽ 2017년 9월에 열린 서울 사랑 마라톤대회 참가자들과 함께한 전 박원순 서울시장

제1장

마라톤 인생 30년 결산보고서

1
코로나 광풍에도 매주 기적의 마라톤대회

나는 그동안 누가 뭐래도 마라톤 이벤트 업계의 '미다스 손'이라 불렸다. 1년에 풀코스 마라톤대회만 162개 대회를 개최해 전 세계에서 가장 많은 마라톤대회를 개최해 해당 분야 기네스북에 등재될 만하다고 말한다. 그러다 보니 마라톤 관련 분야 종사자들이나 마라톤 동호인 중에 '이규운'이라는 이름 석 자를 모르는 사람은 없을 정도라는 이야기를 종종 듣는다.

2020년 들어서 전 세계는 물론 국내의 거의 모든 공식적인 마라톤 행사는 코로나19 바이러스가 창궐하면서 그 자취를 감춘 지 오래였다. 가까운 시일에 유명 마라톤대회가 열린다는 소식은 여전히 함흥차사였다. 이런 와중에 코로나19 사태 이후 지구촌 방방곡곡을 통틀어 유일무이하게 그 명맥을 이어오는 게 바로 우리뿐이었다. 이 행사에는 2020년 7월 4일 토요일, 코로나바이러스가 여전히 기세등등하던 시기에 당시 유력 대권 주자이면서 [국민의당] 안철수 대표와 부인 김미경 교수가 지지자들과 함께 참여해 21.0975km 하프코스를 거뜬하게 완주해 화제를 모으기도 했다. 안 대표는 이 공원사랑마라톤대회에 참석한 후 한 언론과의 인터뷰에서 "공원사랑마라톤대회는 다른 마라톤대회와 달리 한꺼번에 출발하지 않고 새벽부터 뛰고 싶은 시간에 개별적으로 참석해 달리는 대회 방식이 요즘의 사회적 거리 두기에 적합한 마라톤대회"라고 이 대회의 진가를 인정하기도 했다.

　이 공원사랑마라톤대회와 관련해 시인 신성범 씨도 "늘 한결같은 마음으로 / 반갑게 맞아주는 열린 마라톤대회 / 비가 오고 눈이 와도 걱정 없고 / 여름에는 그늘 드리워진 / 세계 유일의 전천후 실내 마라톤"이라며 "관악산 물줄기 흐르는 신도림 도림천 / 새소리 물소리 흠뻑 취하며 / 몸도 마음도 가볍게 달려"라고 이 대회의 매력을 노래했다.

　이러한 유명인과 마라톤 동호인들의 뜨거운 사랑을 받는 코로나19 시대 지구촌 유일의 희망인 이 마라톤대회는 [남자의 자격(KBS)] [동상이몽(SBS)] [생로병사] [사랑의 가족] 등 TV의 유명 프로그램에 소개되었다. 그러다 보니 1년 365일 매주 제주와 경북 안동은 물론 전국 방방곡곡에서 달림이들이 만사 제치고 참가해 달릴 정도로 그 유명세가 식을 줄

몰랐다.

　당시 10년 넘게 오늘에 이르기까지 이 마라톤대회를 수백 회 끈덕지게 개최해 온 나는 지난 20여 년 동안 국내 마라톤대회 대중화의 일등 공신이라고 해도 과언이 아닐 것이다.

　나는 20여 년 전부터 [한국마라톤기획사]를 설립해 전국 지자체와 공동으로 연간 수십 회에 이르는 다양한 마라톤대회를 기획 주관해 기염을 토했다. 나는 타고난 특유의 친화력과 마당발 인맥을 주특기로 전국 지자체의 마라톤대회 발전에 크게 공헌했다고 자부한다.

　내가 지금까지 20여 년 동안 개최해 온 국내 유명 마라톤대회로는 [국제관광서울마라톤대회] [러브미농촌사랑마라톤대회] [섬진강마라톤대회] [금강산통일마라톤대회] [독도지키기울릉도마라톤대회] [음성품바마라톤대회] [영광마라톤대회] [평양통일마라톤대회] [경포바다마라톤대회] [여수엑스포국제마라톤대회] [경기마라톤대회] [보성녹차마라톤대회] 등 수백 개로 이루 다 열거할 수 없을 정도다.

　내가 주관하는 마라톤대회 중 [전기사랑마라톤대회]와 [독도지키기울릉도마라톤대회]는 20년째 해당 대회를 주관해 오는 뒷심을 발휘하고 있다.

　내가 개최해 온 마라톤대회 중 [여의도벚꽃마라톤대회]는 타이완관광청에서 4년 이상 연속해 후원하고 있어 이른바 외화 획득에 이바지하고 있다. 매년 열리는 [타이베이국제마라톤대회]에 나는 이봉주 국민 마라토너와 함께 매년 참가하고 있다.

나는 2019년 7월에 스페인 마드리드에서 열린 [세계직장인올림픽대회]에 한국을 대표해 기수로 참가해 오는 2023년에 [세계직장인올림픽대회]를 우리나라에서 유치하고자 적극적인 홍보 활동을 전개하기도 했다. 아울러 나는 미국 [뉴욕국제마라톤대회]에는 뉴욕 한인마라톤클럽 초청으로 매년 참가하고 있고, 이에 대한 화답으로 뉴욕한인마라톤클럽 회원 중 일부를 매년 울릉도마라톤대회와 국제관광서울마라톤대회에 공식 초청해 마라톤 민간 교류 활성화에도 이바지하고 있다.

나는 지난 수십 년 동안 이룩해온 국내 국외 마라톤 기획 개최의 노하우와 경륜을 발판으로 삼아 코로나19 바이러스 광풍이 여전히 거센 요즘에도 국내는 물론 지구촌 마라톤대회 활성화에 크게 헌신하고자 뛰어난 실력 발휘를 멈추지 않고 있다.

▲ 매주 3회(수·토·일) 서울 영등포구 도림천변 일대에서 열리는
  [공원사랑마라톤대회]를 만끽하는 마라토너들

2

우리 주변
걷기·달리기 여행의 매력

언젠가, 이른바 '집콕 시대'의 답답함을 달래고자 100일 동안 1,180km를 달음질한 50대 주부 '러닝 전도사' 이선우 씨가 장안의 화제였다. 지인의 권유로 지인 따라 딱 열흘만 뛰기로 한 마라톤 초보로 어찌하다 보니 석 달 넘게 매일 달린 그는 한 인터뷰에서 "다른 운동과 달리 운동화 한 켤레만 있으면 되는 마라톤이 나의 삶을 바꿨다"라며 "행복의 반대말은 불행이 아니라 익숙해진 무료함인데 이를 극복하는 데 나를 응원하면서 내 페이스대로 달리는 마라톤이 최고다"라고 말했다.

서울 관악갑에서 두 번(18·20대) 국회의원을 지낸 김성식 전 의원은 국내 걷기 여행 마니아다. 그는 특히 우리나라 섬 등 오지 여행을 즐긴다. 올봄 남해안 섬진강 주변을 거닐며 가슴 깊이 울림이 다가오는 시를 마음으로 이렇게 적었다.

"꽃들이 말을 건넨다. 기다림을 담았어. 빠르다고 뻐길 것도 없고, 늦다고 억울해할 것도 없는 거지. 상대가 있으니, 네가 있는 거 맞지. 서로 다르니 조화로울 수 있는 거 맞지. 봄은 깨달음이야. 깨달음이 아름다운 거야. 나는 그걸 알려주려는 거야. 땅이 말을 건넵니다. 피면 지는 거야. 다시 피려면 내게 돌아와야 해. 씨앗으로, 혹은 뿌리로. 그냥 돌고 도는 게 아니야. 견디면서 거듭나는 거야. 그사이 스러지는 것들의 꿈까지 기억하는 거야. [중략] 꽃이여, 땅이여, 강이여, 그리고 봄이여. 내 마음의 봉오리를 가지고 또 갈게, 또 갈게."

김 전 의원처럼 우리도 그 지긋지긋했던 코로나19의 어두운 그림자가 다시 드리워지더라도 이를 떨쳐 내려면 익숙한 집과 사무실을 떠나 천변을 달리거나 무심코 걷고 또 걷자. 그러면 그렇게 운명적으로 마주 대하는 자연의 선물이 가슴 가득 듬뿍 차고 넘치리라. 일례로 매주 3회 이상 전국에서 마라톤 애호가들이 천 리 길 마다하지 않고 모여들어 뜀박질하는 서울 영등포구 도림천 주변을 아무 생각 없이 달려보자. '코로나 블루'의 아픔과 질곡을 말끔하게 씻어낼 치유의 기운이 몸과 마음을 흠뻑 적시리라.

"모든 생각은 달리고 걷는 자의 발끝에서 나온다"라고 한다. 자고로 걷기운동은 근력을 증가시키고 혈압을 정상적으로 유지하는 데 도움을 준다고 한다. 심질환 위험도 감소하기에 보약을 먹는 것과 다름없다. 그런 의미에서 달리기도 그 진가와 효능 면에서 이와 진배없다.

지난 2021년 문화체육관광부와 한국관광공사가 발표한 '2020 걷기여행 실태 조사' 결과에 따르면 코로나19 사태 영향으로 걷기 여행 참여율이 낮아지는 등 위축되었다고 밝혔다. 하지만 자연과의 교감·신체 건강 증진·스트레스 해소 등의 걷기 여행의 효능은 여전하다고 사람들은 인식한다. 걷기 여행자들은 둘레길·공원·산·해안 등을 즐겨 찾는 것으로 나타났다. 이들에게 인기 있는 걷기 여행길은 제주올레·부산갈맷길·한라산둘레길·남파랑길(남해안)·해파랑길(동해안) 등이라고 했다.

저마다 절박한 사연을 가슴에 안고 길을 걷는 걷기 여행자들과 아마추어 마라토너들은 걷고 뛰면서 대자연의 풍광을 마주 대하며 마음의 크고 작은 삶의 질곡들을 하나씩 해소하고 삶의 활력 에너지를 듬뿍 재충전한다.

걷기와 달리기 여행을 위해 굳이 제주 올레길이나 유명 여행지를 찾아갈 필요는 없다. 서울만 하더라도 도심을 둘러싼 북악산(백악산)·낙산(타락산)·남산(목멱산)·인왕산을 연결하는 한양도성 따라 걷기가 인기다. 장충동 국립극장 입구에서 시작해 석호정을 지나 케이블카 정거장 건너편 계단으로 팔각정까지 오르는 남산 둘레길도 인기다. 그뿐만 아니라 동해안과 서해안, 남해안은 물론 비무장지대까지 우리나라 외곽을 하나로 잇는, 이른바 '한국판 산티아고 순례길'로 불리는 4,500km의 '코리아 둘레길' 걷기도 인기 상승세이다.

우리 모두 '집콕 시대'의 은둔의 어둠과 고독을 박차고 일어났던 지난 세월의 그 자유로움을 더욱 만끽하기 위해 우리 주변을 달리고 걸으며 행복과 삶의 즐거움을 만끽하자!

▼ 달리기 삼매경에 삐져 행복을 만끽하는 런너들

3
잊지 못할 고 박원순 시장과의 특별한 인연

박원순 전 서울시장(이하 박원순 시장)과는 아마도 전생의 연이 없었더라면 이어질 수 없는 아주 각별하고도 잊을 수 없는 특별한 교류가 있었다.

박원순 시장은 2011년 지인의 소개로 알게 되어 친분을 이어 갔다. 박원순 시장을 알게 된 후부터 사이가 가까워져 거의 3년 동안 남산에서 만나 매주 수요일·목요일 혹은 토요일 두세 번씩 일주도로를 달렸다. 남산 국립극장에서 보통 아침 6시에 만나 7시까지 1시간 정도 케이블카 밑까지 왕복 달리기를 했다. 그 거리는 대략 6.5km 정도였다. 이 달리기에는 둘만이 아니라 대여섯 명의 비서진들과 함께 달렸고, 달리기를 마친 후 식사를 함께하기도 했다.

  그 무렵 박원순 시장이 달리기 운동을 시작하면서 케이블카 밑에 탈의실과 샤워장도 만들어졌다. 박원순 시장 처지에서는 평소 달리기 운동도 좋아했고, '달리는 정치인' 이미지를 자연스레 형성해 정치인으로서의 건강한 인상을 시민들에게 심어주기 위한 목적도 있지 않았나 싶었다. 그렇게 3년간 거의 매주 빠짐없이 함께 달리다 보니 자연스럽게 친분이 매우 두터워졌다. 그 연장선에서 서울 종로구 가회동의 박원순 시장 집에 가서 커피 한잔을 마시며 이런저런 이야기도 나눴다. 그러면서 함께 뭔가 큰 사업을 도모하기 시작했다. 나는 서울시에서 개최하는 매머드급 국제마라톤대회를 기획했다. 언론사를 배제하고 서울시가 직접 주최하는 국제마라톤대회을 내가 전담한다는 계획이었다. 이는 박원순 시장에게는 일종의 모험이었는데, 홍보를 맡아줄 메이저신문사에 돈을 주지 않으면 해당 신문사는 박 시장을 계속 비판할 여지가 있었다.

  어쨌든 그런 위험성을 감수하고 거의 성사 단계에 접어들었는데 갑자기 박원순 시장이 세상을 뜨게 된 것이다. 이 사건은 나에겐 너무나도 충격으로 다가왔다.

  무엇보다도 인간적인 슬픔에 한동안 헤어 나오기 어려울 정도였다. 그

▲ 2019년 4월 12일 봄날 남산 일주도로 일대를 측근들과 함께 달리는
전 박원순 서울시장(좌측에서 두 번째)

리고 한편으로는 박원순 시장이 세상을 뜨게 됨에 따라 그간 함께 기획했던 모든 것이 수포가 되어 그 충격이 매우 컸다. 사실 나는 원래 박원순 시장이 돌아가시기 전에는 술을 거의 마시지 않았다. 그런데 그 충격으로 인해 폭음을 하게 되었다. 6년간 끊었던 술을 그때부터 4년 동안 하루에 소주 3병 정도를 내리 마셨다. 점차 몸이 망가지게 되었다. 엄청난 스트레스에 잠도 못 자고 간도 나빠지고 다리 관절 연골도 파괴되었다. 박원순 시장은 평소 친한 사람들에게 백지 카드에 손글씨를 직접 써 주곤 했었다. 나에게도 많이 써 주었다. 나는 내가 주관하는 마라톤 행사에서 크고 작은 업적을 남기는 러너들이 100회~900회 풀코스 완주를 기념해 박 시장으로부터 이를 기리고 축하하는 손글씨를 받아 주인공에게 전달해주는 낙을 즐겼다. 박원순 시장이 좋아하는 단어는 '도전'인지라 글씨 써주는 공통된 문구는 '무한도전'이라는 글귀가 많았다.

아무튼, 그와 교류한 3년간은 말하자면, 박원순 시장하고 거의 측근처럼 지냈다. 마라톤 인생 30주년을 돌이켜 볼 때 가장 안타까운 인연은 박원순 시장과의 인연이었다. 또 한 가지 박원순 시장 관련해 기억에 남는 일화는 그의 북한 방문에 얽힌 일이다.

당시 문재인 대통령 시절 정부 주요 인사들이 북한 평양을 방문할 때 방문 명단에 박원순 시장은 없었다. 이에 내가 발 벗고 나서 정치적 인적 네트워크를 최대한 동원하고 적극적으로 건의해서 박원순 시장을 방북 명단에 오르도록 도와 그의 두터운 신임을 얻었다.

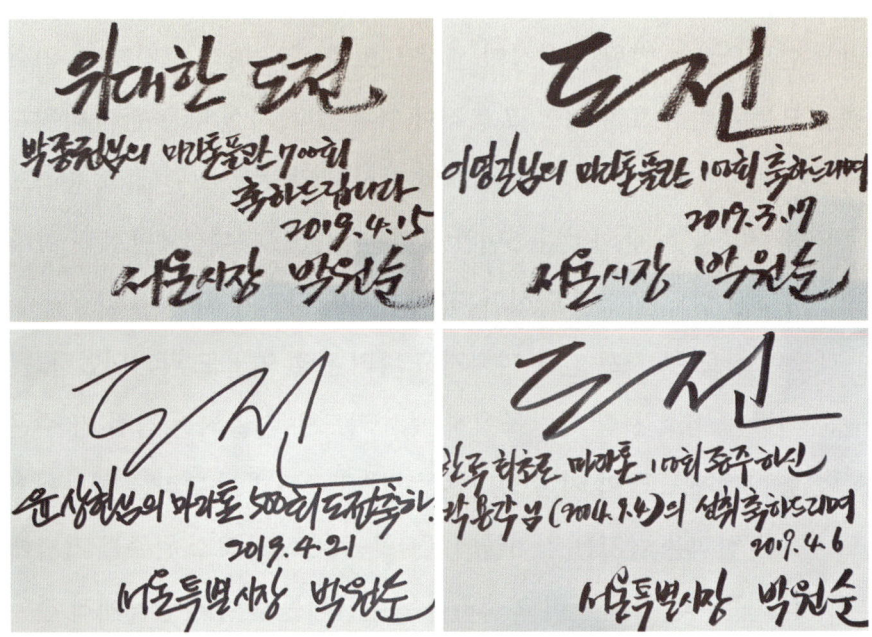

▲ 박원순 전 서울시장이 여러 한계를 딛고 과업을 이룬 마라토너들에게 써준 휘호들

▲ 남산 일주도로에서 박원순 전 시장과 함께한 이규운 대표(맨 우측)

▼ 2018년 11월 뉴욕국제마라톤대회에 참가해서도 [원순씨와 함께 마을 달리기 펜클럽] 휘장 들고 이를 적극적으로 홍보하던 이규운 대표

이렇듯 박원순 시장과는 깊은 인연을 맺고 있었는데, 만약 박 시장이 살아 있었다면 나의 운명이 어떻게 바뀌었을까 하는 부질 없는 생각도 가끔 해본다. 혹시 박 시장이 대선 출마를 해서 나중에 청와대까지 가지 않았을까 하는 생각도 해봤다. 그래서 여의도 벚꽃 마라톤대회와는 비교할 수 없는 대규모의 멋진 대회를 기획하고 만들어 볼 수도 있었을 텐데 하는 생각 말이다.

돌이켜보면, 박원순 시장은 대단한 마라톤 마니아인지라 나와 함께 남

산뿐 아니라 한강 주변에서도 자주 달렸다. 어느 해 추석 때에는 도봉산에서 산길을 넘어 의정부까지 달려간 적도 있었다.

실제로 박 시장이 주도하거나 인정하는 마라톤 관련 동호인 모임으로 [원순 씨와 함께 마을 달리기 펜클럽] 등이 있었다. 이러한 단체들은 박 시장의 대권 프로젝트와 직간접적으로 연관되어 있었다. 사실 나도 박 시장을 대통령으로 만들기 위해 여러모로 깊이 관여했었다. 그러다 보니 갑작스럽게 박 시장이 불의의 사고로 세상을 뜬 사실이 더욱 엄청난 충격으로 다가왔다. 과장되게 말해서 부모님이 세상을 떠났을 때보다 더 큰 충격이었다고나 할까. 광화문에 사무실까지 얻어서 큰 희망을 품고 열심히 임무 수행을 위해 매진했었고, 그해 12월에 미국 뉴욕도 함께 가기로 했었다. 그런데 그 인연이라는 건 너무도 운명적인 것이지 않겠는가.

▼ 2018년 10월 27일 늦가을에 낙엽이 수북이 쌓여 있는 남산 일주도로를 달리는 박원순 전 서울시장

▲ 남산 일주도로 마라톤 달리기 연습에 사시사철 매주 몰두하며 즐기던 박원순 전 서울시장

4

가슴 벅찬
평양 우도(제주)마라톤대회

나에게 지난 마라톤 인생 30여 년간 가장 보람 있었던 순간이 언제였냐고 물어본다면 나는 서슴없이 평양마라톤대회라 대답할 것이다. 우선 평양-남포통일마라톤대회 개최에 얽힌 비하인드 스토리를 말해보겠다.

평양-남포통일마라톤대회는 북녘에서 열리는 처음이자 마지막인 마라톤대회였다. 이 대회가 처음이자 마지막으로 열린 그때가 2006년이었다. 통일부에서 남북통일 협력기금으로 20억의 예산을 배정했다. 나로선 당시 한 번도 접해보지 못했던 많은 예산이었다. 그때가 노무현 정부 시절이었는데 가을 정기국회에서 예산 20억을 배정받았다. 하지만

▼ 평양-남포통일마라톤대회를 보도한 2005년 11월 25일자 북한 로동당 중앙위원회 기관지 로동신문 기사

그 예산은 거의 전액 북한에 지원해 주었다. 따라서 당시 북측에 장소 사용료 명목으로 대부분을 냈으니, 내가 챙긴 행사 진행 대행료는 그렇게 큰 소득이 되지 않았다. 대회는 그해 11월에 개최하였으며 3박 4일 코스였다. 북측 고려항공이 우리나라 인천국제공항에 와서 우리나라 측 참가자들 150여 명을 태우고 평양으로 향했다. 내가 '마라톤 온라인'이라는 마라톤 동호인들이 즐겨 찾는 인터넷 사이트를 통해 150명을 모집했는데 홍보를 시작하자마자 마감이 될 정도였다. 그만큼 인기가 대단했다. 물론 당시 항공비 숙박비 다 포함해서 1인당 170만 원을 받았으니 비교적 저렴한 비용이었다. 숙소는 고려 류경호텔로 2인 1실이었다. 시설은 매우 좋았다. 식사도 매우 흡족했는데, 특히 옥류관 냉면과 단고기 음식이 훌륭했다.

이 대회 마라톤 코스 운영은 하루 하프코스로 제한했다. 평양 종합운동장을 출발해서 남포 평화자동차까지 달려 갔다 오는 코스였다. 북한 군인들이 교통 통제하는 가운데 우리 측 참가자 150명 정도, 북한 참가자 50명의 선별된 인원이 달렸다. 워낙 통제가 심해서 북한 주민들하고 교류하기는 어려웠다. 연변에 북한 군인들이 5m 간격으로 배치되어 있어 주민들과는 아예 대화할 생각조차 하지 못했다.

대회를 준비하기 위해 북한 평양에 갔을 때는 아치라 불리는 출발선이 없었다. 그래서 우리가 가지고 가서 설치하고 대회가 끝난 이후에는 그쪽 관계자들이 달라고 해서 기증하고 왔다. 우리측에서 모든 장비를 준비하여 평양에 가서 펌프로 바람을 넣어 사용하고 대회 마치고는 모든 장비를 기증했다. 그리고 전기 리드선, 즉 전선과 관련해서는 당시 북한은 다 철사로 되어 있었기에 그마저도 기증하고 왔다.

정확히 말하면 전깃줄 표면이 다 마모되어 자칫하면 대형 사고가 날 수 있는 철선만 남아 있었다. 그래서 우리가 가져간 전선으로 교체해 전기를 끌어와야 했다.

이 대회 마라톤대회 운영에는 약 반나절 정도 걸렸고 나머지는 관광 일정이었다. 관광 코스는 평양 시내와 묘향산 등을 다녔다. 묘향산에 가니 김일성 박물관이 있었는데 산속에 세계 각국에서 받은 많은 선물을 전시하고 있어 매우 이채로웠다.

그리고 북한 사람들과 함께 묘향산 등산도 했는데 정상까지 올라가지는 않고 중간에서 내려왔다.

이 대회가 의미 있는 것은 북한 평양에서 개최한 최초의 마라톤대회이

▼ 평양-남포통일마라톤대회 개회식에서의 남북한 대회 관계자들

었고, 동시에 최후의 마라톤이었다는 점이다. 당초 계획이 잘 진행되었다면 매년 추진하려 했는데 우리 국회에서 브레이크를 걸어버려 무산되었다. 우리 정부 남북통일 협력기금 예산 20억이 북한 정권의 비자금으로 흘러 들어간다는 이유 때문이었다. 더군다나 우리 측 참가자들이 추가로 개별적으로 지불한 참가비 등도 마찬가지였다. 이 대회는 원래 인터넷 신문사 오마이뉴스에서 기획해 우리 정부와 북측이 접촉한 결과 이루어졌다. 당시 오마이뉴스 대표가 노무현 대통령과 친분이 많이 있어서 그러한 대회가 열릴 수 있었다. 그래서 오마이뉴스가 마라톤 행사를 위한 남북 간의 다리를 놓는 임무를 수행하면서 나에게 대북 특사의 실무 작업을 맡아달라는 요청을 해와 응하게 되었다. 내가 전에 금강산을 세 번 다녀오면서

▼ 평양-남포통일마라톤대회 출발선에 선 남북측 참가자들

금강산 관광과 관련해서 CBS, 오마이뉴스 등과 함께 일한 적이 있어 적임자로 보였던 모양이다. 아무튼 이처럼 당시 우리나라에서 추진된 마라톤 대회 대부분은 나의 손을 거쳤다고 해도 과언이 아닐 것이다.

어쨌든 평양 마라톤대회 참가는 단순한 스포츠 행사 참가를 넘어 남북한의 평화를 기원하는 의미 깊은 도전이었다. 남북이 마라톤을 통해 정치적·역사적 장벽을 넘어서는 경험을 공유하며, 스포츠가 가진 화합과 평화의 힘을 가지게 됨을 알 수 있었다. 나는 이 부분에서 스포츠가 단순한 신체 활동을 넘어서 사람과 이념 간의 연결고리가 될 수 있음을 다시금 느낄 수 있었다.

▼ 평양-남포통일마라톤대회 남북측 참가자들 단체사진

▲ 평양-남포통일마라톤대회 행사를 진행 중인 필자(우측)

그리고 이후 2011년 제주우도마라톤대회 등 제주에서의 마라톤대회를 6번 정도 기획·추진했다.

우도는 제주도의 동쪽에 있는 작은 섬으로, 아름다운 자연경관과 청정한 해변으로 유명하다. 우도는 자연과 함께 달리기 좋은 코스를 제공하여 마라톤 러너들에게 특별한 경험을 선사해 주었다. 제주우도마라톤대회는 약 16km의 일주 코스를 자랑한다. 이 코스는 우도의 주요 관광지를 통과하며, 섬의 자연을 만끽할 수 있는 특색 있는 경로로 구성되어 있다. 코스의 시작은 우도항이다. 보통 성산항에서 도항선을 이용해 우도항에 도착한 후 시작된다.

그리고 청정한 바닷가와 맑은 물을 자랑하는 산호 해수욕장을 지나며 러닝을 시작한다. 우도의 북쪽 해안을 따라 달리며, 등대와 바다를 배경으로 멋진 풍경을 감상할 수 있다. 섬의 중심에 자리 잡은 우도봉은 약간의 오르막 구간이 있어 체력적인 도전이 될 수 있지만, 정상에서 보는 경치는 매우 아름답다. 섬을 한 바퀴 도는 동안, 다양한 해안선과 작은 마을을 지나게 되며, 파도 소리를 들으며 힐링할 수 있는 코스이다.

이같이 우도에서의 마라톤은 일반적인 도시 코스와는 다른 경험을 제공해 준다.

바다를 따라 달리거나, 자연 속에서 체력을 다지는 경험은 다른 대회에서는 쉽게 누릴 수 없는 특별한 기회를 선사한다. 또한, 우도는 상대적으로 교통량이 적고, 환경친화적인 분위기가 강해 스트레스 없이 마음 편히 달릴 수 있는 여건을 제공한다. 제주우도마라톤대회는 체력적인 도전과 함께 제주도의 자연을 만끽하는 독특한 경험이 되며, 많은 러너가 마라톤을 하며 힐링을 즐길 수 있다.

그 후 처음으로 서귀포 국제마라톤대회를 기획해 3년 동안 개최했는데 도지사가 바뀌는 바람에 중단되었다. 어쨌든 제주우도마라톤대회 등 제주도 마라톤 부흥의 산파역을 맡았다는 것에 대해 자부심을 지니고 있다.

▲ 2003년 10월에 열린 제주우도마라톤대회에 참가한 북한 마라토너 함봉실과 우리나라 대표 마라토너 이봉주

5
30년 마라톤 삶 버팀목, 울릉도마라톤대회

　대망의 21세기 시작 이후 그리 오래되지 않은 2001년에는 제1회 백령도꽃게마라톤대회와 울릉도전국마라톤대회를 선보였다.

　정부 행정자치부 지역진흥과 공무원과 함께 일본을 방문하는 중에 우리나라도 섬 지역 경제·관광 활성화가 필요하다는 공감대가 형성되었다. 그래서 정부에서 지원해서 섬 지역 관광 활성화 차원에서 우선 백령도와 울릉도를 타깃으로 꽃게 마라톤, 오징어 마라톤대회를 기획하고 추진하게 되었다. 그 연장선에서 제1회 백령도 꽃게마라톤대회는 7월에, 그리고 8월에는 제1회 울릉도오징어마라톤대회를 열었다. 거의 보름 간격으로 개최했다.

　제1회 백령도꽃게마라톤대회는 인천에서 출발해 신비의 최북단 섬 백령도에 도착하면, 백령도 관광을 시작으로 담수호 → 염전 콩돌해안 → 두무진 → 유람선 → 통일기념비 등으로 이어지는 환상의 코스가 펼쳐진다.

　그러나 2010년에 백령도꽃게마라톤대회는 후원사가 없어지면서 중단하게 되었다. 아무래도 지자체의 경제적 여력이 부족했던 탓이었다.

　그렇게 오랫동안 추진하지는 않았으나 백령도꽃게마라톤대회 중에 재미있는 기억들이 아직도 뇌리에 남아 있다. 당시 백령도 주둔 해병대 대원들도 같이 달리고 자원봉사도 함께했다. 백령도를 한 바퀴 돌면 정확히 풀코스 42.195km가 된다. 북녘땅이 다 보이는 가운데 북한 초소도 보이니 긴장이 되기도 했다. 방사포와 같은 대포도 다 보였다. 한편으론 달리는 중에 바닷가에 나와 휴식을 취하는 물범들도 볼 수 있었다. 해병대 등 군인들과 육지에서 참가한 5백여 명이 우리나라 최북단 백령도에서 마라톤대회를 열었다는 사실 만으로도 매우 의미가 깊다는 생각이 든다.이 대회 참가를 위해 4시간 30분이나 배를 타고 가야 하는 험난한 여정에도 불구하고 남북 분단의 현실을 주시하며 긴장감 속에 대회를 개최하면서 나름대로 많은 보람을 느꼈던 대회였다.

　반면 울릉도전국마라톤대회는 지금까지 이어지고 있다. 세계일보와 공동으로 비교적 대규모의 전국적인 행사로 추진해 오고 있다. 지방 조

▲ 2017년에 6월에 열린 울릉도전국마라톤대회 이모저모

례에 따르면 언론사와 함께 추진하게 되면 입찰하지 않아도 되어서 누이 좋고 매부 좋고 식으로 세계일보사와 함께하게 되었다. 우리나라 지역 마라톤 관련 행사 대부분이 신문사와 함께하는 이유가 여기에 있다. 그리고 미국·일본 등과는 달리 우리나라는 언론사와 공동 개최를 하면 홍보 효과가 더욱 크기 때문이라는 측면도 무시할 수 없다.

  20여 년째 이어오고 있는 울릉도 오징어 마라톤대회는 경상북도와 울릉군이 후원하고 있다. 처음에는 8월에 열었다가 나중에는 6월에 열었다. 원래 대회명을 '울릉도오징어마라톤대회'로 시작했으나 10여 년이 지나면서 대회 이름을 바꾸게 되었다. 대회 이름에서 오징어를 빼고 '울릉도전국마라톤대회'로 바꾸었다. 전국 대회로서의 인지도를 높이기 위함이었다. 그리고 주제를 '독도 지키기'로 방향을 살짝 바꾸었다. 독도 지키기 운동으로 홍보하다 보니 전국적으로 반응이 더욱 뜨거워졌다. 그 결과 '독도 지키기 울릉도 전국마라톤대회'라 하여 맨 앞에 '독도 지키기'라는 슬로건을 추가했다. 이를 통해 자연스럽게 우리나라 국민의 애국심을 자극하여 더욱 인기를 끌 수 있었다. 이 대회에는 매년 5백여 명의 적지 않은 인원이 참가한다. 게다가 주민들 200여 명, 독도 경비대원들과 해군 부대 대원들까지 합쳐 7백여 명 이상이 참가한다. 이처럼 남들이 안 하던 장소에서 대회를 열며 독도 지키기 운동까지 연계하다 보니 참으로 많은 보람을 느끼게 되었다. 나는 지금도 1년에 10번은 울릉도를 방문하고 있다. 후에는 아예 주민등록상 주거 주소지까지 옮겨 울릉도 군민이 되었다. 이것에는 이유가 있다. 10년 전에 울릉도 주민은 약 3만 5천 명이었는데 지금은 인구가 급격히 줄어서 9천 명도 되지 않는다. 너무나 안타까운 마음이 들었다. 정말 안 되겠다 싶어 주민등록지를 울릉도로 옮겼다. 후회하지는 않는 결정이었다. 그렇게 주민등록을 옮기다 보니 소소하나 혜택도 있다. 울릉도에서 매년 행사를 이어가다 보니 그만큼 수익도 생기게 되고, 더욱이 울릉도 군에서의 경제적 지원이 큰 편이다. 군민인 내가 직접 기획하고 추진하니까 울릉도 입장에서도 홍보비 등을 통 크게 지원해 주기를 마다하지 않는다. 지금까지 20여 년, 이 마라톤대회를 진행해 오면서 겪었던 잊지 못할 일화들이 많다. 그중 하나는 어느 해인가 주한미군들이 독도지킴이 울릉도 전국마라톤대회에 참가했다가 일본 측으로부터 거친 항의를 받은 적이 있다. 주한미군 언론에 보도가 되어 화제가 되었는데, 주한 일본 대사관에서 모니터링을 통해 그 사실을 알게 되어 강력하게 우리 측에 항의한 사건이었다. 그다음부터는 민감한 사항인지라 주한미군은 표식 없이 완전한 개인 자격으로 참가하도록 하고 있다. 일본 사람들도 1년에 몇 명씩은 개인적으로 참가하는데 일본 정부에서 제지하지는 않는다. 이와 비슷한 성격의 행사가 타이완에서도 열리고 있다. 타이완의 경우 해마다 우리와 비슷하게 중국 본토 대륙 가까이 위치한 큰 섬의 해군기지에서 분쟁 지역 마라톤대회를 열고 있다. 매년 2월에 2천여 명이 참가하는 매우 큰 규모로 진행하고 있다. 특이한 점은 이 마라톤 행사에서 타이완의 유명한 특산물인 고량주를 선수들에게 무료로 나누어 준다는 사실이다. 지금까지 20년 이상 개최하고 있는 독도 지키기 울릉도전국마라톤대회는 나의 마라톤 인생 27년의 든든한 버팀목이 되었다.

　특히 공동주체를 하며 많은 도움을 준 세계일보에 감사한 마음을 전한다. 아울러 울릉도 김병수 군수님께도 감사의 마음을 전하고 싶다. 어려울 때 큰 도움과 격려를 아끼지 않으신 분이다. 부부가 군의원을 했었고 원래 공무원에서 군의원 하다가 군수까지 오르신 입지전적 인물이다. 그리고 울릉도로터리클럽에도 깊은 감사의 마음을 전한다. 행사를 함께 주관해 주었고 회원들의 정성 어린 자원봉사 덕분에 큰 도움을 얻을 수 있었다.

　울릉도전국마라톤대회는 내가 10년 이상 추진한 섬진강마라톤대회와 여수엑스포 마라톤대회와 함께 많은 애착이 가는 대회이다.

　그동안 살아오면서 수많은 나라 곳곳을 둘러보는 세계여행도 많이 해봤으나 울릉도는 정말 대기도 좋고 자연경관도 빼어나 언제나 가보고 싶은 섬이다.

　여담인데 언젠가 미국 뉴욕에 갔을 때 식재료를 사기 위해 어느 마트를 찾았는데 한 곳에서 울릉도 나물이 판매되는 것을 보고 놀랍고 신기하게 본 적이 있다. 그다지 비싸지는 않았는데, 울릉도 특산 나물이 미국의 심장부 뉴욕의 한인 마트까지 진출하다니 실로 놀라웠다. 그렇게 마트에서 판매가 된다는 것은 뉴욕의 한인과 시민들이 그만큼 그것을 찾는다는 것 아닌가. 들리는 이야기로는 울릉도 특산 나물이 생각보다 수출이 많이 되고 있다고 한다. 요즘 웰빙 시대에 그만큼 울릉도 나물이 전 세계적으로 건강 증진에 관심 있는 소비자들에게 많은 사랑을 받고 있다는 사실을 확인하고 울릉도 사람으로 뿌듯한 자긍심을 지니게 되었다.

▲ 2021년 6월 27일에 열린 독도 지키기 울릉도전국마라톤대회에 참가 중 독도를 찾은 필자

▼ 페트병 뗏목으로 한강을 건너는 사람들

제2장
호텔인에서 여행·관광인으로의 점프

1
'호텔인'에서 '여행인'으로 점프하다

　나의 첫 사회생활은 1984년에 서울 세종호텔 구매과에 근무하면서 시작되었다.

　그리고 수안보 파크호텔, 유성 아드리아호텔 등에서 근무하다가, 제주도 한화 호텔 서울사무소 판촉 소장, 한·일 온천문화협회 간사장 등을 역임했다. 그렇게 호텔 분야에서 12년 동안 근무했다.

　그 기간에 아무래도 판촉 업무를 주로 수행하다 보니 호텔에서 세미나 등을 통해 인적 네트워크 형성 등 여러 비즈니스 업무를 많이 배울 수 있었다. 이러한 업무를 해 오면서 나는 누구에게나 먼저 다가가 인사를 건

네고 어색한 분위기를 일시에 타개해 누구와도 친해지는 타고난 마당발 붙임성을 능동적으로 발휘해 왔다고 자부한다.

▼ 1991년 8월 일본 벳부 스기노이호텔 로비에서 현지 매니저와 함께한 이규운 대표

그 연장선에서 "세상은 넓고 할 일은 많다" 라고 주창한 전 대우그룹 창업주 김우중 회장의 지론에 공감해 자연스럽게 호텔업계에서 여행업계로 이직하게 되었다. 호텔업계에 있으면서 자연스럽게 외국인 관광객 유치를 전담하는 인바운드(inbound) 여행업계 관계자들과 교류 증진을 전개해 오면서 여행업계로 나의 활동 영역을 넓혀 나가고 싶었다. 넓게 보자면 호텔 분야가 속한 관광업계의 또 다른 구성 업종인 여행업계의 주요 업체 가운데 한 곳이었던 한국관광여행사에서 기획 홍보실장으로 수년 동안 몸담기도 했다. 그리고 매년 우리나라를 대표하는 여행·관광 박람회로 가장 오랜 역사를 자랑하는 한국·국제관광전(KOTFA·코트파)에서 3년간 기획·홍보실장으로 활동하며 일본 등 전 세계 방방곡곡을 누비며 한국의 대표 관광박람회 판촉 활동을 펼치며 국위를 선양하기도 했다.

그렇게 '스텝바이스텝' 식으로 여행·관광업계에서 월급쟁이로 탄탄한

▼ 1994년 9월 서울 코엑스에서 열린 한국국제관광전 박람회 한·일 온천협회 부스를 지키는 이규운 대표

실무적 기반을 다진 후 이제 때가 되었다 싶어서 국내 답사 여행을 전문으로 알선하는 여행사를 설립했다. 지난 세기의 막바지로 치닫던 1997년 2월에 '고산자 답사회, 한국여행문화연구소' 법인을 설립했다.

우리나라의 여행 문화를 창달하고 전국 방방곡곡의 지역 문화와 전통을 새롭게 연구하고, 이를 바탕으로 건강한 국내 여행 문화를 확산시키기 위해 국내 여행가 설립의 포문을 열었다.

이 연구소는 마라톤 행사 기획과 국내 여행을 연결하는 창의적인 접근 방식으로, 사람들에게 여행을 통해 대자연 속에서 심신의 건강을 증진하고 한국의 역사와 문화 체험의 기회를 전 국민에게 확산시켜야겠다는 일념으로 대장정의 그 첫발을 내디뎠다.

나는 그 당시 1989년 해외여행 자유화 이후 내국인의 해외여행 활성화로 인하여 뒷전으로 밀리다시피 한 우리나라 고유의 풍부한 역사·문화·자연 유산의 그 진가를 일반 대중에게 제대로 알리는 데 마중물 역할과 기능을 맡아야겠다는 열정으로 불타올랐다. 단순히 주마간산 식으로 깃발을 따라다니며 기념사진이나 찍으며 여행지에서 쇼핑 및 선택 관광 일정의 천편일률적인 여행 프로그램을 지양하기로 했다. 대신 여행지 곳곳의 명소를 걸으며 심층 탐사를 통해 현지 자연과 역사·문화를 체험하고 심신의 건강을 도모하는 여행 문화를 확산시키는 데 주안점을 두었다.

그런 의미에서 연구소의 이름은 대동여지도를 제작한 김정호의 호 '고산자'에서 따왔다. 김정호의 탐구 정신과 그 열정을 이어받아 한국의 지리와 향토 문화 연구·체험의 지평을 넓히고자 하였다. 지역 구석구석을 탐방하고 답사해 해당 지역의 역사적·문화적 가치를 발굴해 널리 알리는 데 초점을 두었다.

아울러 답사 여행을 하는 동안 주변 환경을 보호하면서 지역사회의 경제와 문화의 활성화를 도모하는 여행 스타일과 문화를 확산하는 방안을 추진하기도 했다. 국내 여행을 통해 신체 활동 지수를 높이고, 심신의 건강을 증진하도록 독려하고자 했다.

당시 주요 활동과 프로그램은 주로 고대 유적·사찰·옛길 등을 답사하며 지역의 역사와 문화를 체험하는 데 방점을 찍었다.

특정 주제를 정해 답사를 진행했는데, 예를 들면 '대동여지도 속 숨은 명소'와 같은 주제로 탐방 프로그램을 진행했다. 거기에다가 역사학자와 여행 전문가가 단체 인솔자로 참여해 답사 여행의 깊이와 전문성을 더해 주었다.

그리고 무엇보다 중요한 것은 우리나라 최초로 여행과 마라톤을 접목·융

▼ 1998년 5월 고산자답사회 시절 선보인 국내 여행과 지역 마라톤 참가 연계 테마 여행 상품에 참가한 사람들

합해 예전에는 보지 못하던 프로그램을 선보였다는 점이다.

역사적인 길을 따라 걷거나 그 길을 달리는 마라톤대회를 개최해 현지 문화 체험과 달리기 운동 기회를 동시에 제공하고자 했다. 그리고 마라톤대회를 지역 답사와 연결해 참가자들에게 색다른 경험을 제공하기도 했다.

그러한 경험을 살려 창업 몇 년 후 우연히 일본을 방문했다가 역사와 전통을 자랑하는 '이부스키 유채꽃 마라톤대회'를 벤치마킹해 국내에도 유사하면서도 다채로운 마라톤 행사를 구체화하기에 이르렀고, 경주 동아 마라톤대회 개최로 열매를 맺게 되었다.

▲ 2000년 11월에 경남 양산시 하북면에 자리 잡은 영축산의 통도사를 찾아 관련 테마 여행 상품을 구상 중인 필자

한편으로 '고산자답사회·한

▼ 1998년 11월 일본 사가현 아리타도자기마라톤대회 참가 테마 여행에 참여한 여행자들

국여행문화연구소'는 정기적으로 '자연 속 걷기' 행사를 열어 심신의 건강 증진과 지역 탐방을 통한 지역사회 이해 증진이라는 '일석이조'의 성과를 거두기도 했다. 그뿐만 아니라 여행 문화 연구와 관련 책자 출판 등의 활동도 함께 전개해 나갔다.

지방의 숨겨진 명소와 전통문화를 발굴해 이를 대중화하고, 한국인의 여행 성향과 변화를 연구해 지속 가능한 여행 모델을 제시하며, 연구소에서 발굴한 내용과 답사 기록을 엮어 여행안내서와 역사 문화 서적을 발간했다.

그리고 여행(투어) 안내자와 역사 해설사 등을 대상으로 답사 기법과 스토리텔링 교육, 청소년 대상 역사 탐방 캠프를 통해 우리나라 문화와 전통을 배우는 기회를 제공했다.

이처럼 '고산자답사회·한국여행문화연구소'는 단순한 국내 관광 활동을 넘어 역사와 자연을 두루 체험하며 배우는 새로운 여행 문화를 정착시켰다. 많은 지역사회와 협력해 관광객 유치와 지역 경제 활성화를 돕기도 했다. 걷기와 달리기를 결합한 독창적인 활동으로, 건강한 여행 문화를 선도했으며, 여행을 통한 건강 증진이라는 새로운 패러다임을 선보였다.

한편, 숨겨진 명소와 잘 알려지지 않은 문화유산을 발굴하고 대중에게 소개하며, 한국의 매력을 국내외에 알리는 데에도 앞장섰다.

나는 이 연구소 설립 초기부터 지역 답사에 직접 참여하며 연구소의 활동을 주도했다. 역사와 여행에 대한 깊은 관심을 바탕으로, 지역 문화 보존과 탐방 활성화를 위한 다양한 아이디어를 제안하기도 했다. 여러 가지 대회의 기획 경험을 바탕으로 답사 활동과 건강 캠페인 등을 성공적으로 결합해 수행하기도 했다.

이러한 실전 경험을 바탕으로 나의 여행 철학으로 역사와 문화를 책이 아닌 현장에서 손수 체험하며 가슴으로 배우는 것을 중요하게 여기게 되었다. 그리고 발견한 역사적·문화적 가치를 더 많은 사람과 나누는 데 힘썼다.

한편으로는 환경을 고려한 여행 방식과 지역사회와의 공존을 강조하며 늘 유념하고자 했다.

이같이 나는 고산자답사회·한국여행문화연구소를 통해 우리나라 지방에 많이 알려지지 않은 답사 여행지를 발굴해서 일반인들에게 소개하는 일에 박차를 가하게 되었다. 어찌 보면 이 시기에 호텔 판촉 업무 담당자에서 여행 전문가로 변신하게 된 셈이다.

그리고 5개월 후 국내 답사 여행 영업 활성화를 위해 외환카드 국내 여행 사업부와 업무 제휴를 맺었다. 'YTBC'라는 관련 모임도 운영했는데, 이 모임으로 고산자 답사회가 많이 도약하는 계기가 되었다. 다음 해 2월에는 교원 그룹 여행사업부와 업무 제휴를 맺었다. 그 당시 교원 그룹 여행사업부는 산하 전국의 관련 교사 직원들과 학생들을 대상으로 주로 해외여행 업무에 치중했었는데 이를 계기로 국내 여행 영업활동에도 박차를 가했다.

한국여행문화연구소 운영 초기 2년 동안에는 전국을 두루두루 돌아다니며 국내 테마 여행 프로그램을 전문으로 개발하고 대중에 각각 프로그램의 매력을 알리고자 혼신을 기울였다. 제주도, 설악산, 특히 전라도 지역 섬과 백령도·울릉도까지 전국 각지를 돌아다녔다. 특히 겨울 눈꽃 열차 여행, 백령도·울릉도 섬 투어와 같이 당시에는 우리나라 여행사들이 시도하지 않던 여행 상품을 집중적으로 개발해서 선보였다. 당시 우리나라 땅 문화 전문가인 이용환 회장의 도움도 많이 받았다. 이분을 통해 KBS 주말 방송, 중앙 일간지 기사 게재를 통한 홍보 분야에서도 많은 도움을 받았다. 예컨대 거제도·외도 등의 섬 여행 소개 기사가 동아일보에 보도되면서 폭발적인 인기를 끌게 되었다.

이 회장은 세월이 흐르면서 안타깝게도 연락이 잘되지 않고 있는데, 아마 돌아가시지 않았을까 싶다. 이렇듯 많은 분의 도움으로 나는 호텔인에서 여행인으로 성공적인 변신을 하게 되었다. 아무래도 이미 한 업종으로서 이미 튼튼한 기반이 구축되어 있어 충분한 규모의 경제 효과를 톡톡히 누리는 호텔업 분야보다도 여전히 개발과 발전의 여지가 무궁무진하고 신규 업자의 진입 장벽이 그다지 높지 않은 여행업 분야에 진출하기로 작정한 것은 참 잘한 결정이었다. 발전 여지가 무궁무진한 국내 여행업 분야에서 국내 테마 여행이라는 새 영역을 선택하고 이 분야에 집중해 소기의 성과를 거둘 수 있었다. 무엇보다 당시 우리나라 사람들이 너나 할 것 없이 해외여행으로 온통 관심을 쏟다 보니 관심권 밖에 있었던 국내 여행지를 발굴하고 홍보하면서 자연스럽게 대한민국 국내 여행의 활성화에 일익을 담당하게 되어 자긍심과 보람을 만끽하게 되어 더더욱 뜻깊었다.

특히 여러 주요 국내 레거시 일간지 가운데 동아일보를 통해 좋은 여행 정보를 제공해 주고 덤으로 자연스럽게 많은 홍보를 하게 되어 당시 우리나라 최초로 답사 여행을 활성화한 주역으로 평가받게 되어 참으로 기쁘고 감사가 넘치던 시절이었다.

▲ 2000년 11월에 답사 단체 여행자들과 일본 규슈 지역 대표 관광지 아소를 찾은 필자

▲ 2000년 12월 14일에 열린 한국관광대상 시상식에서의 필자(좌에서 두 번째)

2

'경주동아마라톤대회' 테마 여행 상품 승부수

고산자답사회·한국여행문화연구소 법인 설립 후 2년이 지나서, 그러니까 1999년 3월에 국내 최초로 마라톤 여행 상품을 기획·개발에 뛰어들었다. 그렇게 첫선을 보인 게 바로 경주 동아마라톤대회이다.

이렇게 최초의 마라톤 여행 상품을 개발해 선보이니 "어떻게 갑자기 국내 답사 여행을 전문으로 하다가 마라톤대회 참가 테마 여행 상품으로 그 저변을 확대하게 됐는지 그 계기가 궁금하다?"라고 묻는 분들이 많았다.

사실 고산자답사회·한국여행문화연구소를 운영하던 당시에도 나는 답사 여행도 진행하면서 테마 여행 프로그램의 저변 확대 차원에서 마라톤 테마 여행으로 핸들링 영역을 넓혀 여행 소비자들의 다양한 관심에 부응하는 색다른 이벤트 구상에 골몰하고 있었다. 하지만 그러한 새로운 분야에 도전해 선구자가 되는 것은 비교적 쉬운 일이나 너무 앞서 나가다 보면 남 좋은 일 시키고 정작 그 주인공은 뒤로 밀려나기 쉬웠다.

경주 일대를 답사 여행하면서 마라톤대회에도 참가해 심신의 건강을 증진하는 국내 최초의 마라톤 이벤트 여행 프로그램으로 세간의 뜨거운 이목을 모았다. 이를 계기로 나는 여행과 마라톤 행사를 접목하는 마라톤 레저 이벤트 기획 전문가로 첫발을 내딛게 되었다. 돌이켜보면 이는 궁극적으로는 국내 지역 마라톤대회 발전에 크게 이바지하게 하도록 일익을 담당했다는 큰 자부심이자 보람으로 가슴 속에 남아 있다.

당시에 나는 한·일온천문화협회 간사장을 맡아 2년간 봉사하면서 한국과 일본 온천 지역 호텔들과 교류하는 그 과정에서 일본 지자체마다 든든한 기반을 갖춘 마라톤대회를 둘러보면서 경주 동아마라톤대회를 벤치마킹했다고 해도 과언이 아니다.

이부스키 지역은 일본에서 매우 유명한 온천 지역이다. 일본 열도 전역에서 많은 사람이 온천욕을 즐기며 관광도 하고 마라톤도 즐기는 광경 하나하나가 이채로웠다. 웰빙과 건강 증진 두 가지를 두루두루 만끽하는 그 광경을 보면서 '바로 이거구나!'라고 무릎을 쳤던 기억이 새롭다. 이부스키 마라톤대회는 이 행사를 매개로 현지 주민과 여행객, 젊은이와 노인, 프로 선수와 아마추어까지 모두가 하나로 어우러져 만들어내는 거대한 축제 한마당이었다.

한편, 지난 2024년 10월에는 경주국제마라톤대회에 1만 2,000여 명의 국내외 선수가 참여한 가운데 성황리에 개최되었다.

경상북도·경주시·대한육상연맹·동아일보사가 공동으로 주최했고, 엘리트 선수 45명과 마스터즈 마라토너(마라톤 동호인) 1만 2천여 명이 풀코스·하프코스·10km·5km 코스에 참가해 힘찬 레이스를 펼쳤다. 풀코스는 경주시민운동장에서 출발해 첨성대, 동궁과 월지, 봉황대, 천마총, 대릉원 등 유네스코 세계문화유산이 연달아 나타나는 경주 시내를 돌아 다시 경주시민운동장으로 골인하는 코스다. 마스터스 마라토너 사이에서 "한국에서 가장 아름다운 코스를 레이스 할 수 있어 좋다"라고 인정받는 코스이다. 2024년 대회에는 최근 러닝(달리기) 열풍에 힘입어, 2023년 대회보다 참가 인원이 3천여 명 증가하며 역대 최대 규모로 치러졌다.

또한, 2023년 대회부터 출발 시각을 기존 오전 9시에서 1시간 앞당겨 8시로 조정해 관광객 유입이 많은 시간대를 피한 것도 그 특징 중 하나이다. 이에 따라 황리단길 주변 시내권과 보문 진입 경로를 빠르게 재개통함으로써 마라톤 참가자와 관광객의 편의를 도모하고, 지역 경제와 관광 활성화에도 큰 도움이 되었다고 평가받고 있다.

이 대회는 종편 방송을 통해 중계된다. 가을 정취를 만끽할 수 있는 경주시의 풍경과 대릉원·첨성대·오릉·반월성·월정교·동궁과 월지·황룡사지·분황사 등 대표적인 문화유적지의 그 매력이 전국에 자연스럽게 홍보되는 성과도 거두고 있다.

경주시와 함께 대회 진행을 위해 교통 통제와 주차 관리 안내 공무원, 경찰 인력, 자원봉사자, 구급 차량과 의료진, 대회 진행 요원 등 여러 기관과 많은 인력을 동원하면서 최선의 노력을 기울여 행사 개최 후 좋은 호응을 얻고 있다.

특히 이 대회에서는 참가 선수들을 환영하기 위해 마라톤 코스 주요 지점에 풍물 단체를 섭외해 거리 응원을 펼치며 대회에 활기를 불어넣고 있다. 아울러 마라톤 전 구간의 주변 환경을 정비해 쾌적하고 깨끗한 도시 미관 조성에도 힘쓴 결과 많은 호응을 얻고 있다.

지금 돌이켜 보면 이렇듯 오랜 역사와 전통을 자랑하는 이 대회가 계속 발전해 국제 대회의 성공 개최 경험을 바탕으로 경주에 APEC 정상 회의까지도 유치하는 계기를 마련해줬지 않나 생각해 본다.

▼ 세계 최고라고 평가받는 뉴욕국제마라톤대회가 열리는 뉴욕 자유의 여신상 주변 풍경

제3장

마라톤대회 기획·대행사로의 대변신

1
이부스키나노하나
국제마라톤대회 테마여행

 1999년 3월 경주 동아마라톤대회를 기획해 추진하고 나서 6개월 후인 9월에 자연스럽게 한국마라톤여행클럽을 설립하게 되었다. 마라톤 여행 전문 법인을 설립한 것이다.
 이러한 변신을 계기로 자연스럽게 국내 테마 여행 사업은 접었다. 이는 향후 마라톤 이벤트 비즈니스의 전망이 좋다고 판단했기 때문이다. 솔직히 말하면 새로운 비즈니스 영역의 수익도 국내 테마 여행 핸들링 당시보다 몇 배나 더 좋았다.
 '차별화 전문화된 마라톤대회'라는 캐치프레이즈를 내걸고 출범한 한국마라톤여행클럽은 2024년에 창립 26주년을 맞았다.

마라톤여행클럽 법인 설립 후 그다음 해인 2000년 2월에는 한국자연공원협회와 업무 제휴 협약을 맺었다.

한국자연공원협회는 자연공원의 보전과 지속 가능한 이용을 촉진하기 위해 다양한 연구와 활동을 수행하는 기관이다. 아울러 관련 분야의 전문가들과 협력하여 자연공원에 대한 이해를 높이고, 공원의 선용 가치와 중요성을 알리는 일을 하고 있다.

이러한 한국자연공원협회와 업무 제휴를 맺고 나서 해마다 국립공원에서 한국자연공원협회 주최 환경보존 대회 개최 시마다 자연스레 마라톤대회를 접목해 여는 사업을 추진·도모했다.

해마다 국립공원 대회 행사에만 그치지 않고 전국에서 모인 참가자와 함께 마라톤대회를 추진함으로써 행사를 더욱 활성화는 데 도움을 주었다. 물론 한국자연공원협회 홍보 효과도 더욱 드높이는 덤도 거둘 수 있었다. 이 기관과는 어느 지인의 소개로 제휴하게 되었는데, 이후 5년 정도 계속 비즈니스를 전개할 수 있었다.

그리고 2000년 12월에는 넥스트투어·웹투어 등 당시 새로운 영업 방식으로 젊은 층을 중심으로 선풍을 일으키던 인터넷 전문 여행사들과 업무 제휴를 하기도 했다.

넥스트투어는 주로 온라인 영업활동에 치중해 해외여행 알선 업무를 주로 추진하던 하나투어 계열회사였는데 국내 여행 상품 분야에서 업무 제휴하게 되었다. 그 후 하나투어는 섬진강 마라톤대회 행사 진행에 후원사로 참여하기도 했다.

그리고 앞서 언급했던, 2001년 1월부터 일본 이부스키 유채꽃 마라톤대회 참가자를 모집하는 한국 공식 지정 업체로 선정되었다.

일본 이부스키유채꽃마라톤대회(Ibusuki Nanohana Marathon)는 참가자들 사이에 '이부스키나노하나(유채꽃)국제마라톤'이라고도 불린다.

이부스키는 일본 최남단 지역에 자리 잡고 있는데 처음에 우리가 갔을 때는 우리나라 참가자들을 포함한 외국인 전체 참가자 수는 3천5백 명 정도였다. 이 대회의 한국인 참가자 수는 매년 50~60명, 많을 때는 150명 정도에 이르렀다.

그런데 우리가 한국 공식 지정 업체로 함께하면서 지금은 이 대회의 참가자 규모가 1만 5천 명~1만 8천 명까지 획기적으로 증가하게 되었다. 어쩌면 내가 이 대회가 국제마라톤대회로 격상되는 데 일익을 담당하지 않았는가 하는 생각이 든다.

지난 세월 무려 4반세기 동안 한해도 빠짐없이 이 국제마라톤대회에 한국을 대표하는 에이전트로 참가하고 활동해 오면서 거둔 성과이자 보람이라 할 수 있겠다.

현재 이부스키국제마라톤대회는 "마라톤과 온천을 동시에 즐기자"라는 캐치프레이즈를 내걸고 매년 1월 둘째 주 일요일에 열린다. 2025년 대회는 지난 1월 12일 개최되었는데, 참가비는 약 1만 엔(한화 약 90,000~95,000원) 정도였다. 그러니까 이 마라톤대회는 일본에서 매년 가장 먼저 열리는 대회이자 봄의 시작을 알리는 첫 마라톤 행사이기도 하다.

이 대회의 코스는 유채꽃이 만발한 시골 풍경을 지나며, 참가자들은 자연 속에서 달리는 특별한 경험을 할 수 있다. 노란 융단이 펼쳐진 듯한 길가를 달리다 보면 신선이 되어 시간 가는 줄 모르고 여흥의 달리기를 즐기는 것 같은 착각이 들기도 한다. 무엇보다도 이부스키는 일본의 유명 온천 도시로, 대회 후에는 사쿠라지마 온천이나 모래찜질 온천을 즐길 수도 있어 더 인기다. 대회 기간 중 길가에서는 지역 주민들이 제공하는 찐 고구마, 팥죽 등 다양한 간식이 무료 제공되어 큰 매력을 선사하는 데 마라톤 참가자들에게 큰 에너지원이 되기도 한다. 이 마라톤대회 참가자들은 누구나 '오모테나시(御持□成□·환대와 마음 챙김)'를 받다 보니 '일본 최고의 마라톤대회'라는 호평을 받고 있다. 그러다 보니 일본의 여러 크고 작은 마라톤대회 중 한국 참가자가 많이 참가하는 대회 중 하나이기도 하다.

이부스키의 기후 조건도 겨울철임에도 불구하고 평균 기온 10~15°C의 온화한 편이다. 코스도 비교적 완만한 코스로 이뤄져 초보자부터 숙련된 러너까지 누구나 부담 없이 즐길 수 있다.

이부스키 시립체육관에서 출발해서 돌아오는 코스인데, 바다와 산을 배경으로 한 멋진 풍경이 펼쳐지며, 일부 구간에서는 가고시마의 대표적인 사쿠라지마 화산을 볼 수 있다. 이 대회 후 활동은 무엇보다 온천 체험이 최고 인기다. 세계적으로 유명한 이부스키의 모래찜질 온천은 마라톤 후 피로 해소에 안성맞춤이다. 아울러 지역 특산품으로 이 지역의 명물인 고구마와 가고시마 돼지고기 요리를 맛볼 수 있다.

▼ 2016년 1월 10일 이부스키나노하나국제마라톤대회 참가 테마 여행 상품에 참가한 이봉주 선수 등 마라토너 여행자들

　이부스키 유채꽃 마라톤대회는 마라톤과 여행을 동시에 즐길 수 있는 대회로, 아름다운 풍경과 독특한 문화적 경험을 제공한다. 일본의 겨울 풍경 속에서 새해의 시작을 기념하기에 완벽한 코스라는 게 중론이다. 특히 해마다 우리나라 대표 마라토너로 자타가 공인하는 황영주·이봉주 등 유명 선수도 참가하는데, 이에 따라 한·일 양국 마라토너들 사이 교류 활동도 더욱 활발해지는 촉매제로 작용하고 있다. 이렇듯 한 마라톤대회 참가를 계기로 한·일 양국이 서로 민간 외교관으로 자긍심을 드높이며 민간교류 증진의 저변을 확충해 나가고 있다고 해도 과언이 아니다. 이러한 성과를 인정받아서 일본정부관광국(JNTO)로부터 민간 우호 증진 표창장까지 받기도 했다. 우리가 이 대회 참가 활성화를 위해 앞장서다 보니 자연스레 외국 참가국의 저변이 홍콩·중국 등 동남아는 물론 전

▼ 이부스키나노하나국제마라톤대회에 참가 중인 필자

▼ 2016년 1월 10일에 이부스키나노하나국제마라톤대회에서 이봉주 선수와 함께한 필자

세계로 그 저변이 확충되었다. 아마추어 마라토너들이 전 세계 유명 마라톤대회에 적극적으로 참가하는 포문을 열게 되었다. 이러한 국제 마라

톤 행사에 내가 특유의 마당발 기질을 발휘해 앞장서 세계적 마라토너로서 그 명성이 자자한 황영주·이봉주 등 올림픽 메달리스트와 함께 참가해 뛰다 보니 우리나라의 국제적 위상을 물론 한국 관광 홍보도 많이 되었다고 생각한다.

호박이 넝쿨 채 들어온다고 2001년 3월부터는 일본 구마모토 딸기 마라톤대회 참가 관련해 우리가 한국 공식 지정 업체로 지정되었다. 이는 정말 희소식이었는데 당시 나는 어떻게 두 달 만에 이런 일이 일어날까 싶었다. 이부스키에서 우리의 역할을 소문으로 듣고 눈여겨본 구마모토시 관계자가 먼저 연락해 와 맺어진 성과였다.

일본 구마모토는 딸기로 유명한 곳인데 구마모토산 딸기는 일본 내에서도 뛰어난 품질과 맛으로 유명하다. 따뜻한 날씨와 풍부한 일조량으로 풍부한 향과 과즙, 달콤한 맛을 자랑한다. 그런데 사실 구마모토 딸기 마라톤대회는 규모가 좀 작은 편이다. 이부스키의 3분의 1 정도 규모였다. 그래서 한국 선수들은 구마모토 딸기 마라톤대회보다는 비교적 이부스키 유채꽃 마라톤대회를 선호하는 편이다. 시기적으로도 3~4월에는 한국에서 열리는 마라톤대회가 많기도 해서 같은 기간에 열리는 구마모토 딸기 마라톤대회보다는 1월에 열리는 이부스키 유채꽃 마라톤대회를 좀 더 선호하는 것이 아닌가 싶다.

어쨌든 이부스키는 일본의 최남단 섬이라 춥지도 않아 1월에도 이른 봄처럼 영상 13~17도 정도의 날씨라서 마라톤대회 개최에 최적의 환경이고, 유채꽃이 활짝 피는 아름다운 시기라 최적의 조건을 갖추고 있다.

그래서 그런지 구마모토 딸기 마라톤대회는 이부스키 유채꽃 마라톤과 비교해 상대적으로 인기가 떨어져 3년 정도 추진하다가 거의 유명무실하게 되면서 중단되어 안타깝다.

참고로 오늘날 일본 구마모토에서는 '구마모토성마라톤'이라는 이름으로 마라톤대회가 열리고 있다. 일본 구마모토시에서 매년 2월경에 개최되는 인기 있는 풀코스 마라톤대회로, 구마모토성 주변의 역사적 경관을 즐기며 달릴 수 있는 이벤트다.

이 대회는 구마모토 지역의 문화와 역사를 체험하는 독특한 기회를 제공해 준다. 코스는 풀코스 마라톤과 4km 건강 걷기 종목이 있는데, 참가 규모는 약 1만 3천 명 정도이다. 그 특징은 일본의 대표적 역사적 명소인 구마모토성을 중심으로 도시와 자연을 아우르는 코스를 제공해 준다는 점이다. 구마모토의 주요 관광 명소와 자연경관을 감상할 수 있는 코스로, 달리면서 도시의 매력을 만끽할 수 있다.

대회 후에는 구마모토성을 방문하여 성의 역사와 복원 과정을 체험할 수 있고, 구마모토 지역의 온천에서 피로를 풀 수도 있다. 구마모토의 명물인 말고기(바사시)·고구마·라면 등을 맛보는 특별한 경험도 가능하다. 일본의 문화와 자연을 함께 즐기며, 스포츠를 통한 특별한 경험을 제공하는 이벤트로, 특히 역사와 지역 문화를 사랑하는 러너들에게 매우 추천할 만한 대회이다.

▲ 민관이 혼연일체가 되어 국제적 지명도를 높인 이부스키마나하나국제마라톤 대회의 정감 넘치는 장면

▲ 2016년에 열린 구마모토성마라톤대회 행사 이모저모

▲ 2007년에 열린 미야자키현 아오시마 태평양마라톤대회에 참석해 민간외교관으로 활약하는 필자

2
마라톤 국제화, 국제관광서울마라톤대회

 2001년 3월에는 한국·국제관광마라톤대회 공식 홈페이지를 오픈했다. 국제관광마라톤대회 활성화를 위해 전 세계의 주요 유명 마라톤대회 정보를 업로드, 업데이트하고 참가를 위한 여러 절차 등을 대행해 주는 일을 추진하기 시작했다. 지금까지 20년 이상 계속 운영하고 있는데, 마라톤 관련 전 세계 유명 대회에 참가하기를 원하는 아마추어 마라토너들에게 유용한 정보를 제공해 주고 있다.
 한국마라톤클럽 창업 후 2년 후인 2001년에는 마라톤 기획사를 본격적으로 운영하기 시작했다. 그리고 1년이 채 안 돼서 국제관광 서울하프마라톤대회를 기획했다.

그 결과 2001년 6월에 제1회 국제관광 서울하프마라톤대회를 잠실 올림픽 주경기장에서 개최하게 되었다. 1만여 명의 건각들이 참가해서 성황을 이루었다. 처음에는 대외적으로 큰 규모로 잠실 주경기장에서 개최했다가 2년 후부터는 월드컵 공원으로 장소를 옮기게 되었다. 이때 매일경제 신문사가 후원했다. 당시 매일경제사에서 보도했던 기사 내용을 짧게 요약하면 다음과 같다.

"2001년 한국 방문의 해를 맞아 제1회 국제관광서울하프마라톤대회가 서울 잠실 주경기장과 송파구 일원에서 개최된다. 한국관광협회중앙회가 주최하고 매일경제신문사·매일경제TV·문화관광부·한국관광공사·대한체육회·국민체육진흥공단 등이 후원하는 이번 대회는 국민 건강 증진과 국내 관광 활성화에 이바지할 것으로 기대한다.

특히 이번 대회는 매일경제신문사, 법무부와 공동으로 벌이고 있는 '기초 질서를 지키자' 캠페인과 연계해 기초질서 마라톤도 함께 펼쳐진다."

지금 와서 돌이켜보니 위 기사 내용과 같이 마라톤 행사를 한국 방문의 해를 맞아 '기초 질서를 지키자'라는 캠페인과 연계한 점이 특이해 보인다. 아무래도 이처럼 한국 방문의 해 기념으로 추진하다 보니 매일경제사 외에도 KBS 등에서도 뉴스 시간 등을 통해 소식을 적극적으로 알리는 등 많은 홍보가 이루어졌다. 다만 아마추어 대회인지라 마라톤 경기를 중계할 정도는 아니었지만, 한국 방문의 해를 홍보하는데 많은 성과를 거뒀다고 할 수 있겠다. 특히 정부에서 나서서 적극적으로 후원해 주다 보니 더욱 많은 성과를 거둘 수 있었다. 특히 이 대회에는 당시 이인제 민주당 최고위원, 도영심 한국 방문의 해 추진위원장, 황영조 바르셀로나 올림픽 금메달리스트가 코스를 완주해 행사 흥행을 쌍끌이했다. 무엇보다도 2002년은 '한국 방문의 해'라서 한국관광공사와 공동으로 외국인 유치 차원에서 불꽃 축제도 함께 추진했다.

지금도 불꽃 축제는 해마다 여의도에서 큰 규모로 열리고 있다. 한화그룹에서 그룹 홍보 차원에서 직접 추진하고 있다. 세계 불꽃 축제니까 정부 예산이 아닌 한화그룹 계열 자체 예산으로 추진되는 데 큰 의미가 있다.

국제관광 서울하프마라톤대회는 올해 22년째 이어져 오고 있다. 지금도 내가 이를 기획 총괄하고 있는데, 외국인들도 많이 참가하는 명실공히 국제마라톤대회로 도약했다.

여의도 벚꽃축제의 경우 약 4년 동안 해외 관광청으로부터 홍보비를 많이 유치해 왔다. 특히 타이완관광청에서 홍보를 위해 적극 투자에 나섰다. 2024년에는 관광의 날 행사로 열렸는데, 예전에 3년 동안 참가하다가 코로나 때문에 중단되었고 2024년부터 다시 시작하게 되었다. 그러니까 코로나 팬데믹 이후 첫 번째 행사였는데, 타이완관광청에서 정말 통 크게 후원해 주고 있다. 이렇듯 몇 년째 자연스럽게 외화벌이에도 크게 이바지하고 있는 셈이다.

특히 관광의 날 기념으로 추진하다 보니 이벤트 행사로 참가자들에게 많은 즐거움을 주었다. 하프코스 10km, 5km 등 종목별로 나누어 초보부터 베테랑 상관없이 누구나 도전할 수 있도록 진행했다. 참가비는 5km가 4만 원, 10km와 하프는 4만 5천 원 정도였는데 완주만 해도 메달과 푸짐한 간식을 제공하고 참여만 해도 기능성 티셔츠 등 기념품을 제공한다. 이렇듯 정권 바뀔 때마다 다소의 변화는 있었지만 그래도 꾸준히 계속 추진하고 있다.

2024년 대회는 월드컵공원에서 열었다. 코로나 팬데믹 전에는 참가자 수가 4~5천 명 정도였으나 2024년에는 3천 명 정도 참가했다. 그나마 다행히도 코로나 팬데믹 전과 비교해 거의 70% 정도 원상 복귀된 셈이다. 9월 초라는 비교적 더운 날씨에도 불구하고 많은 인원이 참가한 셈이다.

서울하프마라톤대회 홍보는 인터넷 매체가 주로 담당하고 있다. 예전에는 세계일보와 계속 함께했다. 지금은 세계일보가 이 행사에는 손을 뺐으나 코로나19 팬데믹 이후에는 울릉도마라톤대회를 아직도 계속 함께하고 있다. 18년째 함께하고 있으니, 우리에겐 매우 큰 우군 매체인 셈이다.

▲ 2017년 9월 17일 서울 잠실 청소년광장에서 열린
   제16회 국제관광서울마라톤대회 행사 장면

▼ 필자가 기획·대행한 마라톤대회에 후원에 적극적으로 나서는 타이완관광청

▼ 제1회 국제관광 서울하프마라톤큰잔치 리플릿

3

내 생애 최고 울릉도마라톤대회 뒷이야기

자랑스럽게도 울릉도마라톤대회를 지금까지 20년 이상 계속 개최해 오고 있다. 울릉도마라톤대회는 그야말로 울릉도 관공서를 비롯해 주민들이 모두 관심을 지니고 물심양면으로 성원하는 대회로 자리 잡았다. 육지에서 선수들을 운송해 울릉도로 들어가야 하는데, 일주도로를 한 바퀴 돌면 풀코스를 완주하게 된다. 해안 일주도로 주변 경치도 좋고 해변 도로를 달리기에 지루하지 않은 코스로 정평이 나 있어서 마라톤 코스를 달리면서 도시 생활에서의 온갖 스트레스를 마음껏 날릴 수 있어서 꼭 한 번은 참석해 볼 만하다.

단체로 1박 2일 일정으로 참가하다 보면 첫날 하룻밤 자고 다음 날 마라톤대회에서 달리기가 끝나자마자 배를 타고 가야 하는지라 다소 일정이 빠듯한 편이다. 개인적으로 참가한다면 그곳에서 1박 더 머물고 여유 있게 나오면 좋다. 하지만, 이 대회 참가자들은 보통은 단체로 같이 움직이기에 그러지 못해 아쉽다. 울릉도라는 섬이 평상시에 큰마음 먹어야 갈 수 있는 곳이라서 마라톤대회를 핑계 삼아 방문해 시간적 여유가 있는 사람들은 독도 전망대까지 다녀올 수 있다.

다만 현지 로터리클럽 회원들을 비롯한 울릉도 주민들이 한마음 한뜻으로 자원봉사를 하며 잔치국수에 막걸리·떡·수박 등 다양한 과일에다가 울릉도 호박엿까지 융숭히 대접해 주기에 그곳에서 마라톤은 잊지 못할 추억으로 남는다. 그러니까 단체로 정해진 틀 속에서 참가하더라도 울릉도 자체 관광 프로그램과 연계해 참가 스케줄 운영의 묘를 기하는 것도 좋다. 요즘은 육지에서 울릉도를 오가는 크루즈 선이 많이 다니기에 훨씬 편안하게 울릉도 일대를 들러보면서 마라톤에도 합류하면 금상첨화라는 생각이 든다. 참고로 울릉도 현지에서 1박을 하더라도 크루즈 선을 이용해 밤 11시 30분쯤 출발하는 스케줄이다 보니 울릉도에서의 1박은 더욱 여유로운 일정을 짤 수 있다.

울릉도마라톤대회를 진행하고 손수 직접 대회에 참가하면서 일어났던 에피소드를 빼놓을 수 없다.

대회에 참가해 직접 풀코스 완주에 도전하면서 어느 해인가 불현듯

▲ 2021년 6월 27일에 열린 제16회 독도 지키기 울릉도전국마라톤대회 행사 장면

'이렇게 바닷가까지 왔는데 바다에 한 번 들어가봐야 하지 않겠나'라는 생각이 들어 일주도로 두 번째 바퀴를 돌 때 돌아오면서 바다에 들어갔던 적이 있다. 바다 수영을 하기 위해 깊이 물속에 들어간 건 아니고 해변에서 잠시 물속에 몸을 담가 보았다. 그런데 난리가 났다. 당시 다리에 상처가 나 있다는 사실을 생각지 않고 짠 소금물에 들어간 것인데, 상상을 초월하는 통증으로 거의 죽는 줄 알았다. 여기저기 상처 자리에 소금물이 닿으니 감당이 안 될 정도의 통증이 몰려와 나는 그날 팔짝팔짝 뛰며 죽는 줄 알았다. 엄청나게 짠 소금물로 상처 부위 소독(?)은 했지만, 지하수나 계곡에서 흐르는 물로 소금기를 씻어내야 고통에서 벗어날 수 있을 터인데 한참을 달려도 물이 흐르는 계곡이 나오지 않았다. 불가피하게 참을 수 없는 통증으로 인해 빨리빨리 뛰지 못하는 바람에 최종 피니쉬 라인 급수대에 가장 늦게 도착해야 했다. 그런데 아뿔싸! 먼저 도착한 주자들이 목이 마르다 보니 준비된 물이 다 고갈되어 버려 나는 땅에 주저앉아 통한의 눈물을 펑펑 흘려야 했다. 그래서 결국 소금기를 씻어내지도 못하고 눈물을 쏟아야 했다. 하지만 그러한 고통의 달리기도 오랜 세월이 지나다 보니 이제 다 지난 일이라 하나의 추억으로 남아 있다. 이렇듯 울릉도마라톤대회에 대한 감회가 남다르다. 올해 2025년 6월 셋째 주에 열리는 대회는 20주년 기념으로 국제마라톤대회로 치러지니 감회가 더욱 새롭다. 올해는 확보한 예산 규모도 큰 편이고, 그만큼 대규모 행사로 치러진다. 이처럼 내가 처음 기획해 만든 울릉도마라톤대회가 20주년이 되고 국제대회가 된다고 하니 정말 감회가 남다르다. 그러니까 내가 한·일온천문화협회 간사장으로 활동하던 시기에 행정자치부 지역진흥과 계장의 주선으로 백령도와 울릉도 지역의 관광활성화 차원에서 기획해 진행하면서 울릉도와 인연을 맺었는데, 눈 깜짝할 새 시간이 흘러 20년 동안 이 대회를 진행해 올 줄은 정말 생각하지 못했다.

주지하다시피 현재 울릉도 인구는 9천 명이 채 안 된다. 만 명이 안 되는 인구 소멸 지역 중 하나이다. 그래서 울릉도 입장에서는 이 마라톤대회가 대단히 비중 높은 행사인 셈이다. 마라톤대회라고는 하지만 육지 사람들이 방문하다 보니 외래관광 유치 차원에서도 의미가 큰 행사다. 마라톤대회 참석자들이 오징어, 나물, 호박엿 등 지역 특산물을 쇼핑하고 머지않아 다시 찾을 가능성이 높기에 그 의의가 크다.

그러니 마라톤 기획 전문가로서 울릉도마라톤대회의 산파 역할을 맡은 장본인으로서 울릉도마라톤대회가 국제마라톤대회로 승격 발전되어 울릉도 지자체의 도약에 일익을 담당했다는 점에서 자부심이 크다.

누가 뭐래도 내가 제주 한라에서 평양에 이르기까지 기획·추진했던 많은 마라톤대회 가운데 울릉도마라톤대회는 단연 최고의 명품 대회가 되지 않을까 다시 한번 기대해 본다.

▼ 2018년에 열린 독도 지키기 울릉도전국마라톤대회에 참가한
  뉴욕한인마라톤클럽 선수단

4

새천년 마라톤 산업, 성장기를 힘차게 달리다

　나는 2001년 9월에 영광스럽게도 세계 관광의 날 기념식에서 문화체육관광부 장관상을 받았다. 그해 한국 방문의 해를 기념해 많은 마라톤 대회를 개최해 방문의 해와 관련하여 많은 홍보를 한 업적을 인정받았다. 그리고 그해 10월에는 가을 야생화를 체험하면서 달리는 곡성 섬진강 마라톤대회를 기획·운영해 문화관광부·한국관광공사 선정 우수 여행 상품으로 선정되는 기쁨도 누렸다.

　그뿐 아니라 그해 10월 비슷한 시기에 조선일보 춘천 마라톤대회 협력사로 선정되기도 했다.

2002년 4월에는 제2회 국제관광 서울하프마라톤대회를 상암동 월드컵 경기장으로 장소를 바꾸어 개최했다. 그해 한·일월드컵 대회 개최를 기념해 해당 경기장이 개장하면서 그곳에서 최초로 마라톤대회를 열 수 있었다. 한·일월드컵 주경기장을 오픈하자마자 마라톤대회를 열게 되어 정말 소회가 남달랐다. 역사적인 순간이었다. 마라톤 코스도 좋았고 참가자들의 반응도 매우 뜨거워 감격적이었다.

그리고 그해 5월에는 경향신문 마라톤대회 협력사가 되었다. 그러나 신문사 사정으로 오래가지 못하고 3년 정도 지속하다 중단되고 말았다. 아무래도 조선·중앙·동아일보와 같은 매이저 신문사에 비해 상대적으로 인지도 면에서 마이너 신문사이다 보니 자체적으로 추진하기에는 한계가 있었던 것 같았다. 별도의 지원금 없이 추진하자니 투자 대비 수익률 측면에서 수지타산이 맞지 않았다.

그리고 2002년 6월 제2회 백령도꽃게마라톤대회를 개최했고 같은 해 9월에는 제2회 울릉도 오징어 마라톤대회도 열었다.

2002년 11월에 필리핀 세부 마라톤대회를 기획해 열었다. 이 대회는 관광외화 획득 차원에서 그 의의가 컸는데 필리핀정부관광청에서 당시 2억원 정도의 큰 지원금(PCVC)을 받아서 추진했다. 이 마라톤대회와 관련해 재미있는 점은 마라톤 개최 장소가 필리핀 세부가 아니라 우리나라 서울 잠실에서 진행되었다는 점이다. 한국인을 대상으로 필리핀 관광을 홍보한다는 차원에서 잠실에서 진행하다가 그다음 해에는 한강공원에서 열렸다.

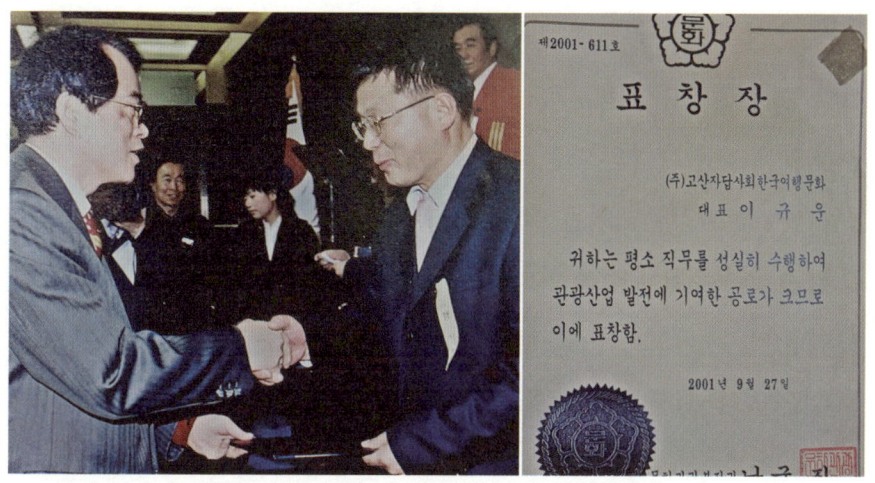

▲ 2001년 9월 27일에 열린 관광의 날 기념식에서 문화관광부 남궁진 장관으로부터 표창장을 받는 ㈜고산자답사회한국여행문화 대표 시절의 필자

당시 필리핀 정부의 예산을 받아서 추진했으니 어찌 보면 나름대로 관광 외화를 획득하는 데 적지 않은 역할을 했다고 생각된다.

그리고 인도네시아에서 큰 지진이 발생하자 인도네시아에 진출한 우리나라 기업체들과 함께 현지 이재민들을 도와주는 차원에서 마라톤대회를 추진하기도 했다. 그런데 2년간 추진하다가 예산 문제로 인해 중단하게 되어 아쉬웠다.

그리고 그해 11월 농민신문 농촌사랑 마라톤대회 협력사가 되었다. 이는 우리나라 농촌 지역 활성화를 목적으로 농민신문사에서 제안하여 해외에서 추진하게 되었다.

이 대회는 'LOVE 米(러브미)'라는 슬로건으로도 잘 알려졌는데 쌀 소비 촉진과 농촌 사랑의 의미를 담고 있었다. 참가비는 코스에 따라 달랐는데, 참가자들에게는 기념 티셔츠, 완주 메달, 쌀 등의 기념품을 제공했다. 농촌사랑 마라톤대회는 스포츠를 통해 농업의 중요성을 알리고, 도시와 농촌의 교류를 촉진하는 의미 있는 행사였다. 참가자들은 건강 증진과 함께 농촌 사랑의 마음을 나눌 수 있는 기회를 가질 수 있었다.

농촌사랑 마라톤대회는 매년 가을에 개최되었는데, 농협중앙회와 관련 기관들이 주최해 서울 여의도 한강공원에서 진행되었다.

참가자들은 하프코스, 10km, 5km 건강 달리기 등 다양한 코스에 참여할 수 있었다. 이를 통해 쌀 소비를 촉진하고, 농업의 중요성을 알리는 데 기여했다.

5년 정도 이 대회를 진행하면서 보람 있었던 일은 마라톤대회와 함께 우리나라 쌀 홍보도 연계되다 보니 쌀 소비 진작에 큰 도움이 되었다는 점이다. 사람들에게 매우 호응이 있었으나, 이 또한 농민신문사 경영진이 바뀌면서 당장 돈이 안 되는 이벤트는 없앤다는 방침에 따라 2018년경 중단하게 되어 아쉬웠다.

2002년 9월에는 장수 마라톤대회를 주관하게 되었다. 전라북도 장수군에 이 행사 기획안을 제안하여 채택되었다. 덕유산 자락 전북 장수군 무주 구천동의 경관은 참으로 아름답다 보니 참가자들의 반응도 매우 좋았다. 참가자들에게 맑은 공기와 아름다운 자연 속에서 달릴 기회를 제공하며, 지역 사회의 활력 증진과 스포츠 문화 발전에도 기여했다는 평가를 받았다.

그러나 이 또한 2년 정도 추진하다가 장수군에서 별다른 실익이 없다고 판단했는지 아쉽게도 중단하게 되었다.

2002년 9월에는 금강산에서 열린 문화일보 통일마라톤대회 협력사가 되어 대회를 열었다. 문화일보에서 행사를 주관하고 우리가 홍보와 운송 등의 업무를 협력해 주는 형태로 진행했다.

이 대회는 한반도의 평화와 통일을 기원하는 의미로 기획된 대회였다. 스포츠를 통해 국민적 화합을 이루고, 한반도 통일이라는 메시지를 국내외에 전달하기 위해 진행되었다. 참가 규모는 정확지는 않은데 수천 명의 국내외 참가자가 함께했던 것으로 기억한다. 대회 이름에서도 드러나듯, 통일 마라톤은 남북 화해와 협력의 메시지를 전달하는 데 중점을 두었다. 2000년 남북 정상회담 이후 남북 관계 개선에 대한 관심이 높아진 시점에서 통일을 기원하는 상징성이 큰 행사였다.

국내외 러너뿐만 아니라 남북한의 화해를 지지하는 국제 사회의 인사들이 초청되었으며, 다양한 나이와 배경의 사람들이 참여하여 화합의 의미를 더했다. 대회와 함께 전통 문화 공연, 통일 관련 전시, 평화 메시지를 전달하는 퍼포먼스 등 부대 행사가 개최되어 축제 분위기를 조성했다.

이 대회는 풀코스, 하프코스, 10km, 5km로 구성되었다. 코스는 서울의 주요 도심과 한강변을 따라 설정되어, 참가자들이 서울의 역사적 장소와 자연 경관을 경험할 수 있도록 설계되었다.

2002년은 한·일월드컵 개최와 더불어 대한민국이 세계적으로 주목받는 해였으며, 통일 마라톤은 이러한 흐름 속에서 한반도의 미래에 대한 희망을 국내외에 알리는 역할을 했다. 남북 간 체육 교류의 촉진을 위한 기반 마련에도 이바지했다는 평가를 받았다. 따라서 대회의 성과는 무엇보다 한반도 평화와 통일에 대한 국민적 관심을 높이는 데 이바지했으며, 다양한 참가자들의 열띤 참여로 성공적으로 마무리되었다는 점이다. 그리고 대회 종료 후에도 통일을 주제로 한 스포츠 행사를 계속 개최하는 계기가 되었다. 스포츠를 통해 평화와 화합의 메시지를 전파한 상징적인 행사로, 통일에 대한 의지를 확인하는 중요한 기념행사로 평가받았다.

그 후에도 행사를 2년간 추진했는데, 이 또한 메이저 신문사에 비해 상대적으로 입지가 굳건하지 못해서 중단하게 되었다. 돌이켜 보니 이 또한 매우 아쉬운 생각이 든다.

▼ 2018년 10월 20일에 열린 제17회 러브미농촌사랑마라톤대회에 참석한 필자

한 달 뒤 2002년 10월 일간스포츠 사이판 마라톤대회를 주관하게 되었다.

사이판에서의 최초 마라톤대회를 만들어 주었다. 그때가 우리나라 아시아나항공이 처음으로 취항할 때였다. 2백여 명을 비행기에 태워 가서 대회를 추진한 것인데, 사이판에서의 마라톤대회가 활성화되는 기반을 닦아준 계기가 되었다.

사이판 마라톤대회는 아름다운 해안 경관과 열대 기후로 인해 러너들에게 매력적인 코스였다. 지역 경제 활성화와 관광 홍보에 기여했고, 참가자들에게는 도전과 성취의 기회를 제공하는 중요한 행사로 자리매김했다. 그래서 5년 후에는 사이판에서 자체적으로 마라톤대회를 열기 시작해서, 지금까지 지속되고 있다고 한다.

해마다 10월경에 열리는데, 우리나라 사람들도 많이 참가하고 있다고 한다. 최초로 사이판 마라톤대회가 활성화되는 데 초석을 다져놓은 것이라는 점에서 큰 의미를 가진다고 하겠다.

그리고 한 달 뒤 2002년 11월에는 국제신문 부산마라톤대회 협력사로 선정되었다. 최초로 부산에 가서 마라톤 행사를 주관한 것이다. 3년간 행사를 직접 만들어줬는데, 지금까지 이어서 자체적으로 열리고 있다고 한다.

국제신문 부산마라톤대회는 원래 1999년부터 시작되었던 대회다. 그 후 내가 행사를 만들고 발전시켜 가면서 매년 수많은 마라토너와 시민들이 참여하는 부산의 대표적인 스포츠 행사로 자리매김했다. 하프, 10km, 5km 등 다양한 코스를 제공하여 초보자부터 숙련된 러너까지 모두가 참여할 수 있도록 구성되어 있다. 국제신문이 주최하며 매년 가을에 개최된다.

지난 2024년에는 11월에 제26회 대회가 부산 사하구 다대포해수욕장

일원에서 성황리에 열렸다. 참가비는 하프와 10km는 4만 원, 5km는 3만 원이었다. 다대포해수욕장에서 출발하여 을숙도대교 입구를 반환하는 코스였다. 참가자들에게 기념 티셔츠, 완주 메달, 기록 측정 서비스 등을 제공했다. 아울러 대회 당일 다양한 부대 행사와 지역 특산품 판매 등이 진행되어 참가자와 관람객 모두에게 즐거움을 선사했다. 이같이 국제신문 부산마라톤대회는 부산의 아름다운 해안선을 따라 달리며 건강과 즐거움을 함께 누릴 수 있는 행사로, 아직도 매년 많은 이들의 참여와 관심을 받고 있다.

 2003년 4월에는 경기도에 마라톤대회 제안서를 제출해서 채택되어 개최하게 되었다. 지금까지 열리고 있는 경기도 최초의 마라톤대회이다. 이 또한 20년이 훌쩍 넘는 역사를 가진 대회이다.

 제1회 경기마라톤대회는 경기도민과 전국의 마라톤 애호가들이 함께하는 축제로 기획했다. 경기도의 대표 일간지인 경기일보가 주최하여, 지역 사회의 건강 증진과 화합을 도모코자 했다. 이 대회는 다양한 참가자들의 수준과 선호를 고려하여 여러 코스로 구성되었다. 참가 부문은 풀코스, 하프코스, 10km, 5km로 나뉘어, 초보자부터 숙련된 러너까지 모두가 참여할 수 있었다. 5천 명 정도가 참가했는데, 풀코스는 수원 종합운동장역에서 북문 남문을 통과해서 수원 민속촌, 용주사를 포함하는 코스였다. 그러니까 1회에 3회까지는 풀코스가 수원 영통, 민속촌, 수원 민속촌 용주사까지였는데, 워낙 코스가 복잡하니까 그 후로는 용주사를 빼고 코스를 바꾸었다. 이점 다소 아쉬운 일이지만 수원종합운동장을 비롯한 경기도의 주요 명소를 코스로 설정하여, 참가자들이 경기도의 아름다움을 체험할 수 있도록 했다.

제1회 대회임에도 불구하고, 경기도민을 비롯한 전국의 마라톤 애호가들이 대거 참여하여 성황을 이뤘다. 이는 경기도 내에서 마라톤에 대한 높은 관심과 참여 열기를 반영한 것이었다.

이 대회는 경기도민과 전국의 마라톤 마니아들이 함께하는 대축제로서, 지역 사회의 건강 증진과 화합을 도모하는 데 큰 역할을 했다. 아울러 건강 증진과 스포츠 문화 확산: 마라톤을 통해 도민들의 건강 증진과 스포츠 문화의 확산에 기여했다는 평을 받았다.

참가자들의 열띤 참여와 지역 사회의 적극적인 지원에 따라 성공적으로 마무리되었다. 참가자들은 경기도의 아름다운 경관을 즐기며 달릴 수 있었고, 대회 운영에 대한 만족도도 높았다.

이 제1회 대회의 성공을 바탕으로, 경기마라톤대회는 매년 개최되며 경기도의 대표적인 스포츠 행사로 자리매김하게 되었다.

가장 최근인 2025년 4월에는 제23회 경기마라톤대회가 성황리에 개최되었다.

주최는 경기일보, 경기도육상연맹, 주관은 화성시체육회, 수원시육상연맹, 후원 수원특례시, 화성시, 경기도체육회였다. 풀코스 일반 참가자 5만 원, 마니아 참가자 4만 원, 하프코스 4만 원, 10km 코스 4만원, 5km 코스 3만 원의 참가비를 받았다.

대회 코스는 수원종합운동장을 출발하여 세계문화유산인 수원 화성 주변과 화성시 융, 건릉 구간을 포함하여, 참가자들이 경기도의 역사와 문화를 체험할 수 있도록 설계했다. 이 대회에는 전국 각지에서 모인 약 1만명의 러너들이 참가하여, 건강과 스포츠에 대한 열정을 함께 나누었다. 제1회 대회에 비해 참가자 2배 이상의 매우 대규모 대회로 성장한 것이다.

이 대회가 오랜 역사를 지니다 보니 참가자별 참가 목표와 성향도 조금

▲ 필자가 23년 전 기획·진행한 바 있는 제23회 경기마라톤대회에 참가해 풀코스 500회 완주, 풀코스 200회 완주 그리고 풀코스 '서브 3' 100회라는 대기록을 달성한 강신오, 이명희, 이용근 씨와 함께한 필자

씩 달라 보였다. 풀코스 참가자들은 수원과 화성의 아름다운 경관을 만끽하고 완주에 도전하며 개인 기록 경신을 목표로 열띤 경쟁을 펼쳤다.

한편, 하프코스 참가자들은 자신의 한계를 시험하면서도, 건강한 라이프 스타일을 추구하는 모습을 보였다. 반면 10km 및 5km 코스 참가자들은 초보 러너들과 가족 단위 참가자들이 함께하며, 마라톤의 즐거움 자체를 경험하는 모습을 보였다. -

이같이 경기마라톤대회는 매년 발전을 거듭하며, 국내외 러너들에게 사랑받는 대회로 자리매김하고 있다. 앞으로도 참가자들의 다양한 요구를 반영하여 더욱 풍성하고 의미 있는 대회로 발전할 것으로 기대된다.

이처럼 경기 마라톤대회, 사이판 마라톤대회, 부산 국제신문 마라톤대회 등과 같은 굵직굵직한 여러 마라톤대회의 초창기 산파역을 담당했다.

그러나 그로 인한 보상과 혜택은 제대로 받은 바 없다. 그래도 그다지 서운하지는 않다.

그 대회들이 성장해서 잘 운영되고 있다는 소식을 들으면서 뿌듯한 마음에 만족하고 있는 편이다.

한편, 2003년 7월 제1회 자원봉사 사랑 마라톤대회를 열었다. 제1회 자원봉사 사랑 마라톤대회는 자원봉사의 중요성을 알리고, 지역 사회의 참여를 촉진하기 위해 개최한 행사이다. 자원봉사의 가치와 필요성을 널리 알리기 위해 기획되었으며, 지역 주민들의 적극적인 참여를 유도하여 공동체 의식을 강화코자 했다.

서울 여의도에서 자원봉사자들을 기념하는 취지로 시작했는데, 지금까지 이어지고 있다. 그러니까 이 대회도 벌써 20년이 넘었다.

풀코스 하프코스 10km, 5km 코스로 구분했는데, 지역 주민, 자원봉사자, 관련 단체 회원 등 다양한 참가자들이 함께했다. 처음에는 2천여 명이 정도가 참가했는데 지금은 4~5천 명 정도 규모의 행사로 확대되었다.

제1회 대회를 시작으로, 자원봉사의 중요성을 알리는 마라톤대회는 이후에도 계속 개최되어 지역 사회의 참여와 자원봉사 문화 확산에 기여했다. 이 마라톤대회를 열게 된 계기는 내가 열린 사회 자원봉사 연합이라는 시민단체를 만들게 되면서부터다. 처음에는 매년 12월 5일 자원봉사날을 기념하는 행사로 마라톤대회를 연계하는 것으로 기획했었다.

그런데 12월은 마라톤대회를 개최하기에 날씨가 너무 춥다 보니 실제로는 11월에 대회를 열었다. 자원봉사 단체의 협력이 잘 되었고, 자원봉사 활동에 대한 홍보 또한 자연스럽게 잘 되다 보니 주위에서 많은 호응을 얻게 되었다.

덕분에 나중에 행정자치부 장관상까지 받게 되는 기쁨을 누리게 되었다.

또 하나의 마라톤 행사로써 의미가 있는 건 2003년 9월 개최한 2003 관광인 마라톤대회이다. 이 또한 관광의 날을 기념해서 자원봉사 사랑 마라톤대회와 비슷한 성격으로 추진하게 되었다. 서울 한강시민공원 여의도지구에서 개최했다.

이 대회는 세계 관광의 날(9월 27일)을 기념하여 관광업계 종사자와 그 가족들의 건강 증진과 화합을 도모하기 위해 마련했다. 한국관광공사가 주최했다. 관광업계 종사자들의 건강 증진과 상호 교류를 촉진하고, 관광 산업의 중요성을 널리 알리기 위한 취지로 열렸다. 특히, 세계관광의 날을 기념하여 관광업계의 단합과 발전을 도모하는 데 중점을 두었다. 참가자들은 한강시민공원 여의도지구를 출발하여 한강 변을 따라 조성된 코스를 달렸다. 각 코스는 참가자들의 체력과 경험에 맞게 선택할 수 있도록 하프코스, 10km, 5km로 구성했고, 한강의 아름다운 경관을 감상하며 달릴 수 있는 코스로 설계했다.

2천여 명의 관광업계 종사자와 그 가족들이 참가했는데, 가족 단위의 참가자들도 많았다. 참가자들은 서로를 응원하며 화합을 다졌고, 대회장은 축제 분위기로 가득 찼다.

코스 별로 우수한 성적을 거둔 참가자들에게는 상장과 부상이 수여되었다. 특히, 이날 대회의 하프코스에서는 전문 마라토너 못지않은 기록을 세운 참가자들도 있어 눈길을 끌었다. 대회 당일에는 마라톤 외에도 다양한 부대 행사가 진행되었다. 가족 단위 참가자들을 위한 체험 프로그램, 관광 산업 홍보 부스, 건강 상담 코너 등이 마련되어 참가자들의 큰 호응을 얻었다.

이 대회는 관광업계 종사자들의 단합과 건강 증진에 기여했을 뿐만 아니라, 관광 산업의 중요성을 대중에게 알리는 데에도 큰 역할을 했다. 참가자들은 한강의 아름다운 경관을 배경으로 달리며 서울의 매력을 재발견하는 기회를 마련했다.

이어서 2003년 10월에는 이태원 평화 마라톤대회를 열었다. 이 행사는 KOTFA(한국국제관광전) 측에서 제의가 있어 한 번의 행사를 치렀다. 지역 사회와 국제 사회 간의 평화와 화합을 도모하기 위해 개최했다. 다양한 국적과 배경을 가진 참가자들이 함께 어우러져 문화 교류의 장을 마련했다.

이태원의 지역적 문화적 특성을 살려 지역 경제와 관광 활성화를 촉진하며, 주민들의 참여를 통해 공동체 의식을 강화하는 데 이바지했다.

그 외에도 2003년 11월 제2회 러브미 농촌사랑 마라톤대회 등을 줄이어 개최했다.

그 후 2004년부터는 서귀포국제마라톤대회를 세계일보와 함께 시작하게 된다.

제주도로부터 3년간 많은 후원을 받으며 진행했다. 지금은 도지사가 바뀌는 바람에 정치적인 이유로 중단되었지만, 당시 국제마라톤대회인지라 외국인들이 많이 참가해 성황을 이루었다. 중국인들을 비롯해 외국인 유학생

▲ 2004년 2월 2일에 열린 세계일보 주최 서귀포국제관광마라톤대회

들이 선수로 참가해서 같이 달리게 되면서 제주도를 홍보하는 데 큰 도움이 되었다. 특히 중국인들에게 큰 인기가 있었는데 한 대회당 단체로 6백여 명씩 참가하기도 했다.

2004년 3월에는 제1회 서울 한강 물사랑 마라톤대회를 열었다.

서울 한강 물사랑 마라톤대회는 한강의 환경 보전과 물의 소중함을 알리기 위해 마련된 시민 참여형 마라톤대회였다. 서울특별시와 관련 환경단체가 주최 또는 후원하며, 자연과의 공존과 건강한 생활을 동시에 강조하는 취지에서 시작되었다.

대회는 한강 변에서 진행되었으며, 주요 코스는 한강공원 주변의 아름다운 풍경을 배경으로 설정했다.

코스는 5km, 10km, 하프 마라톤 등 다양한 수준의 참여자들이 선택할 수 있도록 설계했다. 초보자부터 전문 마라토너까지 다양한 연령대와 배경을 가진 참가자들이 참여했는데, 당시 5천여 명 이상의 시민이 등록하며 성황을 이뤘다. 대회 당일에는 마라톤 외에도 한강 환경 보전에 관련된 전시와 체험 프로그램을 열었다. 환경보호 캠페인, 가족 단위의 참여를 독려하는 이벤트, 어린이 대상 놀이 프로그램 등을 진행했다. 이 대회에서는 특히 "물은 생명이다"라는 슬로건 아래, 깨끗한 물의 중요성과 환경 보전의 필요성을 강조했다. 대회 참가자들에게 친환경 기념품과 물 절약을 독려하는 홍보 자료를 배포했다. 이 행사는 이후 매년 정기적으로 열리며, 한강을 중심으로 한 서울 시민의 환경 보호 의식을 강화하고, 물과 자연의 중요성을 공유하는 대표적인 환경 마라톤대회로 자리 잡게 되었다.

5

안보, 그리고 평화통일의 염원을 담아

 2001년부터 2011년까지 백령도번영회가 주최하고 우리 한국마라톤여행클럽이 주관해 백령도꽃게마라톤대회를 열었다.

 백령도마라톤대회는 인천광역시와 옹진군이 주최하고, 인천관광공사가 후원했다. 지역 경제 활성화와 관광 홍보를 목적으로 시작했다. 백령도의 아름다운 자연경관과 독특한 지리적 위치를 활용해 참가자들에게 특별한 경험을 제공코자 했다.

 우리나라 서해 최북단 백령도는 북한 땅을 바라보고 있다. 이곳 백령도 사곶 해변에는 6.25 당시 비행기가 이착륙했던 모래사장이 있었다.

사곶해수욕장 주변에 지금은 아마도 비행기가 이착륙하지 않지만, 전체 해변의 약 3분의 2는 딴딴하고 나머지는 모래로 이루어져 있다. 간척지를 만드는 바람에 모래가 없어진 듯한데, 주변 경치가 절경이다. 지금도 종종 짬이 나면 다시 꼭 가보고 싶을 정도로 멋진 장소다.

백령도는 우리나라 최북단 지역인 데다가 일부러 시간 내 가기가 쉽지 않은 곳이므로 마라톤을 매개로 동질감을 가진 사람끼리 가서 달리고 관광하는 묘미가 있다.

더군다나 백령도는 하루면 전역을 다 관광할 수 있는 코스라서 더욱 매력이 있는 장소이다.

특히 해병대가 주둔하고 있는 최전방에서 마라톤대회를 개최한다는 것이 매우 의미를 지닌다고 하겠다. 마라톤대회 코스는 사곶해수욕장을 출발점으로 하여 백령도의 주요 명소를 지나는 형태로 설계되었다. 참가자들은 풀코스, 하프코스, 10km, 5km 등 자신의 체력과 경륜에 맞는 코스를 선택할 수 있다. 특히 앞서 언급한 사곶해수욕장 주변은 천연 비행장으로도 사용될 만큼 단단한 모래사장으로 유명하여, 참가자들에게 독특한 경험을 선사한다.

매년 대회 개최 때마다 전국의 마라톤 동호인과 지역 주민, 그리고 주둔 중인 해병대원 등 1천여 명이 참가해 성황을 이루었다. 특히 해병대원들이 함께 참여하여 대회의 특색을 더해주었고, 지역 주민들도 적극적으로 동참하여 성공적인 대회에 이바지했다. 대회 기간에 참가자들의 편의 증진을 위해 인천에서 백령도까지의 교통편을 제공했다. 지역 숙박 시설과 연계하여 참가자들의 숙박 문제도 해결했다. 또한, 지역 특산물을 활용한 먹거리 장터와 문화 공연 등 부대 행사도 함께 진행해서 참가자들과 관광객들에게 풍성한 즐길 거리를 제공했다.

백령도마라톤대회는 지역 경제 활성화와 관광객 유치를 위한 중요한 행사로 자리매김했다. 대회 기간에 지역 상권의 매출이 증가하였으며, 백령도의 자연 경관과 문화유산이 전국에 알려지는 계기가 되었다. 또한, 지역 주민들의 자발적인 참여와 봉사는 대회의 성공적인 운영에 큰 힘이 되었다.

백령도마라톤대회는 이 지역의 지리적 특성과 아름다운 자연을 활용하여 참가자들에게 특별한 경험을 제공해 국내 여러 마라톤대회 중에서도 비교우위 경쟁력을 자랑했다.

▲ 2001년 7월 15일에 열린 제1회 백령도꽃게마라톤대회에 참가한 참가자들 단체 사진

2011년을 마지막으로 백령도마라톤대회는 종료되었다. 하지만 그동안의 성과와 경험은 지역 사회와 참가자들에게 깊은 인상을 남겼다. 대회 종료 이후에도 백령도는 아름다운 자연 경관과 역사적 의미를 지닌 관광지로서 많은 이들의 관심을 받고 있다.

그런 의미에서 강원도 철원 마라톤도 참가자들이 매우 선호하는 마라톤대회이다.

마라톤대회가 열릴 때만은 평상시에는 쉽게 들어가지 못하는 DMZ 안으로 들어갈 수 있다. 깊이 들어가면 철마에 녹슨 기차가 나오는데, 이곳이 월정리역이다. 풀코스를 달릴 수 있도록 철원 노동당사에서 출발해서 비무장지대를 거쳐 월정리역을 빙 돌아 나와 백마고지 쪽으로 나올 수 있는데, 이곳 백마고지까지로 42.195km 거리를 맞추었다. 이 대회에서는 철원의 대표 토산품으로 품질 좋은 쌀을 참가자들에게 기념품으로 준다. 백령도와 같은 맥락으로 철원은 최북단이니 군인들과 함께 어울려 달리는 안보 마라톤이라 남다른 의미가 있는 대회이다. 애국심을 고취하고 건강도 증진하는 일석이조라고나 할까. 친구들과 참가자들이 철원은 꼭 다시 한번 가고 싶다는 얘기를 지금도 자주 할 정도로 인상 깊었던 마라톤대회이다. 국내 최대의 DMZ 마라톤 코스로 역사와 미래의 고장, 통일을 준비하는 철원에서 고석정 코스모스 십리길을 소중한 사람과 함께 달릴 수 있는 '소확행' 코스이다.

그리고 2004년 9월에 개최한 금강산 통일마라톤대회는 내게 정말 잊지못할 마라톤대회로 남아 있다. 금강산 통일마라톤대회는 스포츠를 통해 한반도의 평화와 통일 의지를 드러낸 상징적인 이벤트였다. 이 대회는 단순한 마라톤 행사를 넘어, 남북한 교류와 화합의 메시지를 전 세계에 전달하려는 목적으로 기획했다. 내 뇌리에는 늘 "스포츠는 갈라진 민족을 하나로 묶을 힘이 있다"라는 신념이 깃들어 있다. 그런 의미에서 남북이 함께 참여할 수 있는 마라톤대회를 기획했다.

금강산은 남북한이 공동으로 바라볼 수 있는 장소로, 남북 교류의 상징적 의미를 담기에 적합한 장소였다. 이 대회를 통해 한반도의 평화적 이미지를 세계에 알리고, 분단 상황을 스포츠로 극복하려는 메시지를 전달코자 했다.

나는 북한의 관련 당국 및 민간단체와 긴밀히 협의하여 대회의 성사 가능성을 높였다. 여러 차례 실무 협의를 통해 대회 개최에 필요한 허가와 지원을 확보했다. 국내 마라톤 단체와 국제 스포츠 교류 네트워크를 활용해 대회 준비를 진행하며, 해외 마라톤 애호가들도 참여할 수 있는 글로벌 대회로 발전시켰다.

금강산 일대의 절경을 배경으로 코스를 설계해, 참가자들이 자연의 아름다움을 만끽하며 달릴 수 있도록 기획했다. 금강산 구역 내의 주요 명소를 지나도록 설계하여, 참가자들이 금강산의 절경과 통일의 염원을 동시에 체험할 수 있었다. 남북한 선수들과 국내외 마라토너를 포함하여 약 500~1,000명이 참여했다. 남북한 선수뿐 아니라, 미국·일본·중국 등 다양한 국가에서 참가해 국제적인 관심을 받았다.

대회 전날, 남북 대표 선수들이 한반도기를 들고 평화를 염원하는 세리머니를 진행했다. 남북한 선수들이 한 팀으로 구성되어 협력하며 완주하는 형식의 특별 경주도 열렸다. 아울러 대회 종료 후, 남북한의 전통문화 공연이 이어져 스포츠와 문화를 융합한 축제로 발전했다.

▲ 2002년 9월에 금강산에서 열린 문화일보 통일마라톤대회에 참석한 필자(맨 좌측)

금강산 통일마라톤대회는 분단 이후 스포츠를 통해 남북이 협력한 중요한 사례 중 하나로 기록되었다. 참가자들은 '달리기'라는 공통된 행위를 통해 민족적 단결을 느꼈으며, 이는 다른 형태의 남북 교류 프로그램으로 확대될 가능성을 열었다. 대회는 국제 언론에서도 큰 관심을 받았다. 대회 전후, 뉴욕타임스·NHK·BBC 등 주요 매체에서 보도되며, 한반도 평화에 대한 세계적 관심을 환기해 줬다. 독특한 위치와 평화 메시지

덕분에 금강산 통일마라톤대회는 세계 마라톤 팬들에게 특별한 행사로 기억되었다.

금강산 통일마라톤대회는 이후 다른 형태의 남북 스포츠와 문화 교류 행사의 밑거름이 되었다. 이 대회를 계기로 남북 마라토너 사이 정기적인 교류 프로그램이 제안되고 성사되었는데 이는 한반도 평화 정착에 일조했다.

나는 금강산 통일마라톤대회를 모델로 삼아, 전 세계의 마라토너들이 한반도 평화를 지지하며 참여할 수 있는 '세계 통일마라톤대회' 개최를 목표로 삼았다. 이러한 경험은 국제 표준에 걸맞은 마라톤 이벤트를 한국에서 개최하는 데 중요한 기반이 되었다.

6
전라도 지역 마라톤대회 꽃 피우다

    2004년부터 2014년까지 섬진강마라톤대회, 여수엑스포마라톤대회 등, 이 두 마라톤대회를 개최하면서 전라도 지역에 마라톤대회의 새로운 붐을 일으켰다.

    섬진강마라톤대회는 전라남도 광양시와 경상남도 하동군이 섬진강 일대를 배경으로 삼아 공동 개최하는 대표적인 지역 마라톤 행사로 자리매김했다.

    섬진강의 아름다운 풍경 속에서 참가자들이 달리며 건강 증진과 화합을 도모하는 대회였다. 특히, 지금도 영호남을 잇는 평화의 상징으로 자리 잡으며 지역 발전과 외래객 유치 관광 홍보에도 중요한 역할을 하고 있다.

 잘 아시다시피 섬진강은 전라남도와 경상남도를 가로지르며 흐르는 강으로, 그 풍경이 뛰어나 봄철에 특히 많은 관광객이 찾는 곳이다. 섬진강 유역의 관광 자원을 홍보하고, 영호남 지역의 주민들이 스포츠를 통해 화합할 수 있는 장을 마련한다는 컨셉으로 기획했다.

 2004년 시작한 이후 이제는 매년 9월에 열리는데, 이제 국내 주요 마라톤대회 중 하나로 자리 잡았다. 섬진강마라톤대회는 다음과 같이 네 가지 주요 코스로 나뉜다.

 모든 코스는 섬진강의 매력을 최대한 느낄 수 있도록 설계되어 있다. 풀코스는 대회의 주요 코스로, 섬진강의 둔치를 따라 달리며 광양시와 하동군을 잇는 구간으로 구성되어 있다. 주로 숙련된 마라토너들을 위한 도전적인 코스이며, 참가자들은 섬진강의 다양한 풍경을 온전히 경험할 수 있다. 하프코스는 초보자와 숙련자 모두 즐길 수 있는 중간 난이도의 코스로 참가자들은 섬진강의 주요 포인트들을 지나며 봄의 정취를 만끽할 수 있다.

 한편, 10km 코스는 단거리 달리기를 선호하는 참가자들에게 적합한 코스이다.

 특히, 시간제한이 풀코스나 하프코스와 비교해 느슨하여 초보자와 가족 단위 참가자들이 많이 참여한다. 아울러 5km 코스는 가족과 초보 참가자들을 위한 코스로, 비교적 가벼운 달리기를 즐기며 섬진강의 경관을 감상할 수 있다. 이 코스는 어린아이들과 함께 참여하기 좋아 참가자들에게 인기가 많다. 참고로 참가비는 코스별로 다르며 풀코스와 하프코스는 3만 원, 10km는 2만 5천 원, 5km는 1만 원이다. 참가자들에게는 대회 티셔츠, 완주 메달, 기록증이 제공되며, 우수 참가자에게는 특별 시상이 진행된다.

  대회 조직위원회는 대회 전날부터 당일까지 참가자들이 편리하게 이동하고 숙박할 수 있도록 광양시와 하동군의 주요 숙박 시설과 교통편을 연계한다. 대회 당일 섬진강 둔치에서는 다양한 부대 행사가 열린다. 지역 특산물을 소개하는 장터, 지역 주민들의 전통 공연, 섬진강 사진 전시회 등이 포함된다. 특히, 대회에 맞춰 섬진강의 코스모스와 유채꽃밭이 조성되어 참가자와 관람객 모두가 봄의 자연을 만끽할 기회를 제공한다.

  섬진강마라톤대회는 특히 환경보호를 중시한다. 대회 중 일회용 플라스틱 사용을 최소화하고, 섬진강 주변에 쓰레기를 남기지 않도록 엄격히 관리하고 있다. 섬진강 마라톤대회는 매년 수천 명의 참가자와 가족들이 방문하여 지역 경제 활성화에 크게 기여하고 있다. 대회 기간 숙박 시설과 음식점이 붐비며, 지역 특산품 판매도 활발히 이루어진다. 이 대회는 전라남도와 경상남도가 공동으로 주최하며, 지역 주민들이 함께 대회 준비와 운영에 참여하기에 영호남 화합의 상징적 행사가 되고 있다. 참가자들은 대회를 계기로 섬진강의 아름다움과 지역 문화를 체험하며, 이 경험을 주변에 알린다. 이는 지역 관광을 활성화하는 데 중요한 역할을 하고 있다.

섬진강마라톤대회는 단순한 스포츠 이벤트를 넘어, 지역 사회와의 협력과 자연과의 조화를 통해 지속 가능한 발전을 추구하는 모범적인 사례이다. 특히 대회 참가자들이 섬진강의 자연을 경험하며 환경의 소중함을 되새기고, 지역 주민들과의 교류를 통해 한국의 지역 문화를 이해하는 기회를 가질 수 있는 멋진 대회로 발돋움했다.

▼ 2008년 10월 5일에 열린 제8회 섬진강마라톤대회 홍보 포스터

그리고 오늘날에도 마라토너들 사이에 인기몰이하는 여수마라톤대회를 처음으로 기획해 실시했다. 원래 이 마라톤대회는 여수 엑스포 유치하기 전 기념행사의 의미로 개최했다. 연초 1월 국내에서 열리는 첫 마라톤대회로 참가자는 보통 5천 명 정도의 규모이다.

지난 2024년에는 풀코스, 하프코스, 10km, 5km 경기를 치렀는데 4천

5백여 명이 참가했다. 비교적 난코스가 많은 편이라 아마추어로 입문한 마라토너는 끝까지 완주하기가 쉽지 않다. 대신 바닷길은 뻥 뚫린 바다를 보고 달릴 수 있으니 나름대로 운치가 있는 편이다. 바다 향기 가득한 여수의 매력에 흠뻑 빠질 수 있는 코스이다. 여수 대교 위를 건넜다 오는 코스에는 바람이 엄청나게 불어서 쓰고 있던 모자가 날아가더라는 경우도 있을 정도다.

나는 이 마라톤대회를 10년 동안 개최하고 그 후에는 그 지역의 한 업자한테 개최권을 넘겨주었다. 결국은 터만 닦아준 셈이긴 한데 후회는 없다.

이 또한 여수의 또 다른 관광매력으로 발전되었고 지역경제 발전에 공헌했다는 점에서 많은 보람을 느끼고 있다.

▲ 2009년 1월 5일에 열린 여수엑스포마라톤대회

그리고 보성녹차마라톤대회를 처음 기획·주관했으나 언제부턴가 다른 대행업체에서 운영하고 있는데 이 대회는 지금까지도 계속 이어지고 있다. 보성의 특산물인 녹차와 아름다운 자연경관을 즐기며 달릴 수 있는 특별한 경험을 제공한다. 보성 지역에서 마라톤을 사랑하는 사람들에게 인기 있는 행사로, 다양한 코스를 통해 참가자들이 개인의 체력과 취향에 맞춰 참여할 수 있다.

작년 2024년에는 5월에 보성군 공설운동장에서 열렸다. 보성군체육회가 주최하고 전국마라톤협회, 보성녹차마라톤클럽이 주관하며 보성군, 보성군의회가 후원했다.

각 코스는 보성의 자연과 녹차밭, 아름다운 풍경을 감상할 수 있도록 설계했다.

풀코스는 보성군 공설운동장을 출발해서 보성군의 주요 명소를 지나며 진행되며, 보성의 자연미와 지역 문화를 체험할 수 있다. 이 코스는 풀코스를 처음 도전하는 러너나 체력에 자신 있는 사람들이 도전할 수 있는 구간이다. 그 외 하프코스, 10km, 5km가 있었는데, 군인 참가자를 위한 특별 5km 코스도 있었다. 이에 군인들은 혜택을 받아 저렴한 참가비로 참가할 수 있었다.

모든 참가자에게 보성 특산물인 녹차를 활용한 다양한 기념품이 제공되었다. 대회 후에는 음료와 차를 포함한 다양한 간식을 제공하여 참가자들은 피로를 풀 수 있었다. 아울러 마라톤 중간중간에도 녹차 음료를 제공하여 참가자들에게 에너지를 충전해 주는 서비스를 제공했다.

이같이 보성은 전국적으로 유명한 녹차 생산지답게 녹차밭을 지나며 청정한 자연을 느낄 수 있는 곳이다. 마라톤을 달리며 푸른 녹차밭과 산과 강을 따라 펼쳐진 아름다운 경치를 즐길 수 있어 당시 많은 참가자는 이 대회를 특별하게 생각할 것이다.

▼ 2025년 5월 3일에 열린 제20회 보성녹차마라톤대회 홍보포스터

그리고 광주일보 3.1절전국마라톤대회 개최도 빼놓을 수 없다.

광주일보 3.1절전국마라톤대회는 매년 남도의 봄을 열어 온 대회이다.

이 대회는 원래 일제 강점에 항거해 우리 민족의 독립 의지를 세계만방에 드높인 3.1절을 기념하기 위해 개최되었다. 올해로 44년의 역사를 이어가면서 호남마라톤의 대명사로 자리매김하고 있다.

마라톤 코스는 광주월드컵 경기장을 출발점으로 해 풀코스, 하프코스, 10km, 5km 등 4개 코스로 나누어졌다. 특히 10km 이상 참가자는 기록

측정용 칩을 통해 자신의 기록을 확인할 수 있었고, 시상 순위는 건 타임으로 결정되었다. 또한 개인기록은 대회 종료 직후 홈페이지에 공지되고, 휴대전화 문자 메시지를 통해 개별 통보되기도 했다.

참가자 전원에게 소정의 기념품을 제공했고, 완주할 경우 완주 메달을 선사했다.

이 대회는 3·1절을 기념하는 마라톤대회이니만큼 독립운동의 정신을 기리고, 국가의 자유와 독립을 위해 희생한 분들의 숭고한 뜻을 기억하는 의미를 담고 있다.

매년 3월 1일에 개최되니, 참가자들은 마라톤을 통해 역사적인 날을 기념하는 동시에, 스포츠와 건강의 중요성도 새삼 느낄 수 있다.

이 외에도 연강골드마라톤, 호남국제마라톤대회 등을 기획해 개최했고 이들 마라톤대회는 지금까지도 그 명맥이 이어지고 있다.

이렇듯 처음에 시작할 때 붐을 일으키며 터를 닦아 주고 그 지역에 넘겨주었다. 아무튼 전라도 전 지역에 마라톤대회 붐을 일으키는 데 공헌한 셈이다. 전라도뿐 아니라 한편으로는 거금도, 서록도, 거문도 등 섬 지역에서의 마라톤 붐을 일으키는 데에도 힘을 쏟았다.

소록도는 배가 다니던 시절 다리 건설 기념으로, 거문도는 거금대교 개통되기 전 기념으로 마라톤 행사를 개최함으로써 많은 호응을 받았다. 아울러 욕지도(欲知島)에서 네 번, 경남 저도에서도 두 번 마라톤대회를 개최했다. 그 외에도 지리산 국립공원 대회 기념으로 구례, 고흥 그리고 청산도에서도 5번 대회를 개최했는데 그때마다 반응이 매우 좋았다. 물론 섬 지역은 배를 타고 가야 하므로 많은 사람을 모으기에는 어려움이 있었다. 그러나 도서 지역 관광 활성화 차원에서 많은 성과를 거두었다고 생각된다. 섬 지역 마라톤대회에 참가한 사람들에게 마라톤 행사 후에도 관심을 가지고 관광여행을 할 수 있는 계기를 만들어 준 셈이다. 왜냐하면, 마라톤 행사 참가해 달리면서 주변 경치에 매료되어서 잊지 못해 다시 찾게 되는 경우가 많다고 하니 말이다.

▲ 2010년 10월 7일 자 광주일보에 실린 "광주·전남은 마라톤 관광 최적지"라는 제하의 필자 인터뷰 기사

7
명품 마라톤대회, 여의도벚꽃·서울봄꽃레이스

역시 명품 마라톤대회가 되려면 서울을 근거로 개최하는 게 금상첨화다. 그러한 조건에 맞는 대표 마라톤대회로 여의도 벚꽃 마라톤대회를 꼽을 수 있다. 이 대회에는 매회 평균 5천여 명 정도가 참가해 왔다. 원래 이 대회 초창기 대회는 주로 여의도에서 개최했다. 그래서 본부석도 아파트 쪽에 설치하고 마이크를 설치 운영했더니 민원이 들어오기 시작했다. 일요일마다 너무 시끄럽다는 거였다. 그래서 대회를 한동안은 허가해 주지 않았다. 여의도 아파트 주민들이 너무 시끄러워 휴일에 낮잠을 잘 수도 없다는 강렬한 민원으로 인해 언제부턴가 마이크를 강 쪽으로 설치해 치르고 있다. 어쨌든 지금까지 많은 우여곡절을 겪으면서도 마라톤대회를 계속 개최해 오고 있다. 그러고 보니 여의도 벚꽃 마라톤대회도 벌써 20년이 넘게 열리고 있다. 접근성이 좋고 네임밸류가 있어 인기가 있기에 매회 참가 인원이 조기 마감된다. 코로나 팬데믹 시기 이전에는 타이완 관광청에서 4년 연속으로 후원하여 외화 획득에도 이바지한 바 있다.

그런데 문제는 벚꽃이 피기 전에 대회를 개최해야 한다는 게 아쉬운 점으로 남는다. 이 마라톤대회는 보통 3월 말경 정도에 개최하는데 그 시기에 확률적으로 벚꽃과 함께 달릴 확률은 거의 없다. 대회 이름과 다르게 그 시기에 대회를 열 수밖에 없는 이유는 서울시가 주관하는 행사와 겹치기 때문인데 우리가 확보할 수 있는 날짜는 벚꽃 피기 전 날짜밖에 잡히지 않았다. 그래도 내가 여태껏 매년 개최하는 마라톤대회 10여 개 중에서 서울에서 열리는 상징성 등을 고려할 때 가장 매력이 있는 대회 중 하나가 여의도 벚꽃 마라톤대회다.

여의도벚꽃마라톤대회는 윤중제(輪中堤)를 달리고 한강 변을 쭉 길게 달려 안양천을 돌아야 하는데 도림천도 왔다 가는 코스다. 이렇게 마라톤 코스가 구성되는데 한강 변을 달리는 마라톤 코스의 단점은 자전거 팀이 엄청나게 빠르게 달려서 위험하다는 사실이다.

참고로 1968년 6월 1일에 여의도. 섬 둘레 7,533m를 잇는 윤중제(輪中堤) 준공식이 열렸다. 행사에 참석한 박정희 대통령은 제방의 40만 3,001장째 화강암 블록에 '한강 개발'이라는 휘호를 새겨넣었다. 여의도

뿐 아니라 한강과 강남 개발이 이때부터 불붙었다. 개발 전까지 여의도는 일제가 건설한 군용비행장 외에는 황무지나 다름없었다. 월남 파병 국군 장병의 면회장으로 사용될 정도였는데 갈수기 때면 밤섬과 영등포를 잇는 거대한 백사장이 드러나기도 했다.

한강 변을 일부 달리고 안양천을 돌고 급기야는 도림천까지 돌아오게 되면 절정을 이루는 벚꽃들이 도로변에 도열해 달림이들을 환대해 맞이한다. 남양천변이니, 벚꽃은 오히려 윤중제보다는 안양천 쪽이 더 많은 편인데 익숙한 길을 뛰다 보면 이 코스가 참 좋은 코스라는 생각이 든다.

어쨌든 여의도벚꽃마라톤대회는 앞서 언급했듯이 거의 벚꽃이 없는 경우가 많아 포토 존에 조화(造花: 종이·천·비닐 따위를 재료로 하여 인공적으로 만든 꽃)를 갖다 놓아 나름 아쉬움을 달래기도 한다.

여의도벚꽃마라톤대회는 앞으로도 계속 개최해 나갈 예정인데 5천 명 선에서 조기 마감할 예정이다. 이 마라톤대회의 흥행 비결은 일단 벚꽃 시즌이 아니라 하더라도 달리기 면에서 시기가 좋다는 점, 이에 따라 젊은이들이 많이 참가하다 보니 자연스레 입소문이 많이 나서 흥행으로 연결된다는 점이다.

▲ 2017년 4월 15일에 열린 여의도벚꽃마라톤대회

▼ 2019 여의도벚꽃마라톤대회 현수막

▼ 2019 여의도벚꽃마라톤대회에 참석해 출발 신호를 기다리는 참가자들

▼ 2019 여의도벚꽃마라톤대회에 참가해 풀코스 완주 100회 기염을 토하고 나서 가족과 함께한 서울시청마라톤동호회 최찬집 씨

▲ 2025년 3월 15일에 열린 제15회 여의도벚꽃마라톤대회 식전 행사

한편, 안양천벚꽃마라톤대회는 벚꽃이 만개할 때 개최한다. 지난해부터 대회 이름을 종전의 안양천벚꽃마라톤대회에서 서울봄꽃레이스로 현대적 감각에 걸맞게 바꾸고 개최 장소 역시 종전의 안양천에서 여의도로 바꾸어 개최하고 있다.

이 대회의 인기가 워낙 뜨겁다 보니 참가 인원을 3천여 명으로 제한해서 조기 마감하기에 이르렀다. 이 대회는 벚꽃이 만개할 때 개최하다 보니 참가자들의 반응이 꽤 좋다. 다만 안양천 코스를 달리다 보면 불가피하게 일반인 러너들과 동선이 겹쳐서 통제가 제대로 되지 않아 다소 복잡한 편이다. 벚꽃이 피어 있어 넘쳐나는 상춘객들과 자전거 타기 애호가들이 너도나도 다 몰려나오니 통제가 쉽지 않다. 그래서 마라톤대회 참가자들은 요령껏 그냥 피해서 달려야 하는데 다소 위험하긴 하지만, 화려하게 핀 벚꽃을 보며 뛰는 기분이 참 좋기에 그러한 제한요인은 그다지 크게 부각되지는 않는다.

안양천은 경기도에서부터 시작해서 서울 영등포구를 비롯한 여섯 개 구에 걸쳐 있다. 따라서 마라톤 코스가 경기도부터 시작되는 것이니 원래 서울시 허가는 받지 않아도 되었으나 여의도 마라톤은 서울시 허가를 받아야 했다. 세월이 흘러 요즘 들어서는 행사 기간 중 서울시 축제와 겹치지 않는 날에는 여의도 행사를 허가해 주는 편이다.

서울봄꽃레이스는 주행 코스를 보행 도로와 자전거 도로로 잘 정비해서 지난해에 육상연맹으로부터 공인 코스로 인정을 받았다. 이는 더 많은 마라톤대회를 유치할 수 있는 계기가 되었다. 그리고 더욱 공신력을 확보하는 데 도움이 되었다.

  코스를 약간 이탈해도 상관없기에 일부 사람들은 일부러 둑으로 올라와 벚꽃 사이로 뛰기도 한다. 바로 거기에는 자전거 도로가 있지만 바로 위로 나 있는 도로는 인도 전용 코스이고, 또 한 계단 더 올라오면 벚나무 사잇길이 나온다. 이왕 올라가는 김에 벚나무 가로수 쪽으로 들어가서 벚꽃 터널을 뛰게 되면 꽃이 만개하지 않아도, 분홍빛 꽃 몽우리만 보아도 기분이 좋아지는 코스이다.

  서울봄꽃레이스는 2024년부터 4월 첫째 주 벚꽃이 만개할 때 개최된다. 지난해 첫해에 이어 2025년에 2회째를 맞았다. 이 대회는 무엇보다 주행로 곳곳에 꽃이 만개할 때 열리니까 여의도 벚꽃 마라톤대회에 절대 뒤지지 않은 매력이 있다. 서울봄꽃레이스는 굳이 서울시의 인가를 받을 필요도 없으며 영등포구에서만 인가를 받으면 된다.

  아무래도 벚꽃이 만개할 때 개최되는 마라톤 행사다 보니 육상연맹과 영등포구에서도 관심을 많이 기울인 데다가 막상 행사를 열어보니 대박이 났다. 그래서 마라톤 마니아들은 그다음 해 멋지게 펼쳐질 행사를 학수고대하고 있다. 이 마라톤대회는 풀코스는 없고 10km와 5km만 소화한다. 그래서 그런지 젊은이들이 특히 좋아한다. 남녀 친구가 함께 참가하기에 좋다. 한강에서는 이제 풀 코스 대회를 열 수 없다. 그 이유는 자전거가 너무 빨리 다녀 위험하기도 하고 한강에서는 모든 대회를 12시 안에 끝내야 하므로 종목은 10km와 5km 그리고 하프까지만 허용이 된다.

▲ 2025년 4월 6일에 열린 서울봄꽃레이스 이모저모

8
아름다운 서울, 국제관광서울마라톤대회

 국제관광서울마라톤대회도 20년의 역사를 자랑하며 지금까지 열리고 있다.

 그리고 자원봉사 마라톤대회는 11월에, 한강 시민 마라톤대회는 12월에 개최한다. 그러니까 1월 새해부터 시작해 국내외 마라톤대회가 연말까지 거의 매월 줄이어 개최되는 셈이다.

 국제관광서울마라톤대회는 서울을 중심으로 개최되는 대규모 마라톤 행사로, 국내외 마라톤 애호가들이 함께 어우러져 서울의 아름다운 경관을 만끽하며 달리는 마라톤 축제 한마당이다. 이 대회는 단순한 스포츠 행사가 아니라 서울의 주요 관광 명소를 알리고, 참가자들에게 건강과 화합의 기회를 제공하며, 지역 경제와 관광을 활성화하는 다목적 포석의 역할을 하고 있다. 이 대회는 이제 대한민국을 대표하는 국제마라톤대회 중 하나로 자리 잡았다.

개인적으로 가장 기억에 남는 대회는 제18회 국제관광서울마라톤대회다. 2019년 9월, 서울 상암월드컵공원 평화의 광장에서 열렸는데 국내외 마라토너들이 참가해 서울의 아름다운 코스를 달리며 스포츠와 관광이 결합한 특별한 경험을 만끽했다.

풀코스 출발은 오전 7시, 하프, 10km 그리고 5km는 오전 8시부터 순차적으로 시작했다. 세계일보가 주최하고 한국마라톤TV, 대한직장인체육회가 주관했는데, 관광과 마라톤을 결합한 행사를 통해 서울을 국제적으로 홍보하는 데 크게 이바지했다. 참가 인원은 3천여 명으로 국내 참가자뿐만 아니라 미국 뉴욕 한인마라톤클럽 등 해외 참가자들도 함께해 국제적인 행사로 거듭난 행사여서 오래도록 기억에 남는다.

이 대회 참가자들의 다양한 실력과 목표에 맞춰 4개의 코스를 운영한다. 풀코스는 서울 한강 변을 중심으로 도심과 자연을 함께 즐길 수 있는 도전적인 코스. 하프코스는 중급 러너들에게 적합한 코스이고 10km 코스는 건강과 성취를 목표로 하는 초보 러너들에게 인기다.

한편, 5km 코스는 가족과 함께하는 건강 달리기로 참가에 의미를 두기에 적합한 코스다. 이 마라톤 코스는 서울의 랜드마크를 지나며, 참가자들이 서울의 문화와 풍경을 체험할 수 있도록 설계했다. 한강과 공원을 아우르는 코스로 구성되어 참가자들에게 시각적 즐거움을 제공했다. 아울러 미국 뉴욕 한인 마라톤클럽 대표단이 특별히 참석하여 국제적인 스포츠 교류를 촉진하는 데 일조했다. 그 외 외국인 참가자들도 다수 참여하여 대회의 글로벌한 이미지를 강조하는 데 도움을 주었다. 특히 이 대회에 특별한 손님이 참석해서 눈길을 끌었다. 우리나라 대표 마라토너 이봉주 선수가 참석하여 참가자들을 격려하고 대회에 특별한 활기를 더해 주었다.

이처럼 국제적인 마라톤대회인지라 더 철저한 운영 체계를 통해 안전한 달리기를 보장하는 데 힘썼다. 마라톤 전 구간에 걸쳐 충분한 보급소와 의료 지원팀을 배치했다.

대회 참가 선물로 참가자들에게 대회 기념 티셔츠와 완주 메달을 제공했다. 메달은 서울의 상징적 디자인을 활용하여 특별함을 더해 주었다. 대회장 곳곳에 마련된 포토존에서 참가자들이 추억을 남길 수 있는 공간을 제공했다. 출발 전과 도착 후 평화의 광장에서 열리는 공연으로 대회 분위는 더욱 고조되었다. 또한 참가자들이 소원 판에 한 해의 목표나 바람을 적는 특별 이벤트 운영하기도 했다.

이 대회의 의의는 무엇보다 마라톤 코스를 통해 서울의 문화와 경관을 국내외 참가자들에게 알리고, 다양한 연령층과 국적의 참가자들이 함께하며 건강과 화합의 가치를 실현하는 데 있었다. 특히 제18회 서울 국제관광마라톤대회는 국제 참가자 증가와 해외 단체 초청으로 서울마라톤대회가 세계적 이벤트로 도약하는 계기가 되었다는 점에서 오래도록 기억에 남는 대회이다. 누가 뭐래도 단순한 스포츠 행사를 넘어, 관광·문화·국제교류가 어우러진 성공적인 축제로 기록되며 매년 성공적인 대회를 열어왔다.

지난 2024년에는 9월 상암 월드컵공원 평화광장에서 개최했다. 대한생활체육회가 주최하고 한국마라톤TV 주관, 서울특별시·삼익전자·TV서울이 후원했다. 이 대회에서는 하프코스 3시간, 10km 코스 2시간, 5km 코스 1시간으로 제한 시간을 두었다. 모든 코스는 서울의 상징적인 관광 명소를 지나도록 설계했으며, 참가자들이 서울의 자연과 도시 경관을 함께 즐길 수 있도록 구성했다. 모든 참가자에게 기능성 티셔츠를, 완주자에게는 완주 메달을 증정했다. 또한 하프코스와 10km 코스 완주자에게 모바일 기록증도 제공했다.

특히 대회 당일 의료진과 안전 요원이 배치되어 참가자들의 안전을 최우선으로 보장했고, 주요 지점에 급수(給水)대와 응급 처치 시설을 완비했다. 아울러 환경친화적 대회로 플라스틱 사용을 최소화했다. 쓰레기 분리배출 등 참가자들에게 환경 보호 메시지를 전파하며 지속 가능한 대회 운영을 추구했다.

이처럼 국제관광서울마라톤대회는 서울의 관광 명소를 홍보하는 동시에, 지역 상권 활성화에 이바지했다. 이 대회를 계기로 국내외 참가자들이 서울의 문화·음식·쇼핑 등을 즐기며 지역 경제에 활력을 불어넣었다는 평을 받았다.

여담이지만 사람들은 마라톤의 네임밸류를 보고 참가하고 개최 장소도 크게 보지만 뭔가 매력적인 기념품도 대회 참가 여부에 큰 비중을 두기도 한다. 왜냐하면, 마라톤대회 참가자 입장에서, 예컨대 메이저 대회인 동아일보 대회의 티셔츠만 기념품으로 제공받아도 대단한 의미를 부여하기도 한다. 그만큼 메이저신문사 동아일보에 대한 공신력을 인정하기 때문이다. 이렇듯 기념품 비용 대비 가성비를 생각했을 때, 예컨대 신발이나, 보스턴백 같은 물품들은 사람들의 마음을 솔깃하게 만든다. 그러니까 마라톤대회에 참가하면 어떤 기념품을 받느냐 하는 점도 참가자들은 많은 관심을 가진다는 얘기이다.

▲ 제18회 국제관광서울마라톤대회

▲ 제19회 국제관광서울마라톤대회

9
마라톤대회는 계속 이어지고 발전한다

내가 아직도 개최하는 마라톤대회가 매년 10개 정도 된다, 연중 거의 매월 개최하는 셈이다. 나의 마라톤 이벤트 비즈니스 성장기를 지나 비교적 최근 개최한 마라톤대회 중 손꼽을만한 몇 가지 대회를 소개해 보겠다.

특히 2018년~2019년에 개최했던 마라톤대회를 중심으로 말해보겠다.

'전기 사랑의 힘' 전기사랑마라톤대회

이 대회는 2018년 4월, 서울 상암월드컵공원 평화의 광장에서 개최된 대규모 스포츠 행사였다. 전기산업 종사자들과 일반 시민들이 함께 참여해 전기의 중요성을 되새기고 건강한 삶을 독려하기 위해 마련했다. 주최는 한국전기신문사, 후원은 산업통상자원부, 한국전력공사와 전기 관련 주요 기관·기업들이었다. 참가 인원은 1만여 명으로 대회 슬로건을 "전기를 사랑하는 사람들의 건강한 달리기"라고 내걸었다.

　대회 코스는 한강과 공원의 자연을 배경으로 설계하여 참가자들에게 맞춤형 건강 달리기 경험을 제공했다. 하프코스는 상암월드컵공원을 출발해 한강대교까지 왕복하는 코스, 10km는 가양대교를 왕복하는 코스, 5km는 하늘공원을 한 바퀴 도는 코스로 구성했다. 이 대회 참가자들에게 기념 티셔츠를 제공했으며 대회 중간과 종료 후 다양한 경품 추첨 이벤트가 열어 경품도 제공했다. 경품은 전기 관련 제품, 가전제품, 운동용품 등이었다. 이 대회의 특이점은 대회 행사의 성격을 십분 살려 한국전력공사를 포함한 전기 관련 기관 및 기업이 참여하여 전기에 대한 홍보와 교육을 진행했다는 점이다. 전기 절약과 효율적인 사용법을 설명하는 코너도 마련했다. 또한 현장에서 무료 건강 상담을 제공하며 참가자들의 건강 상태를 점검했고, 체력 테스트 부스에서 자신의 신체 능력을 평가받는 기회도 제공했다.

　대회 후 참가자들은 전기산업 종사자들은 동료들과 함께 전기의 중요성을 알리고 체력을 다질 수 있는 특별한 경험이었다고 평가했다. 또한 가족 단위 참가자들은 자연 속에서 운동과 가족과의 시간을 함께 즐길 수 있어 매우 유익했다고 전했다.

▼ 2019년 4월 8일에 열린 제16회 전기사랑마라톤대회

일반 시민들은 대회를 통해 전기에 대한 새로운 관심을 가지게 되었고, 참가자 간의 화합과 에너지를 느꼈다고 반응했다. 이같이 이 대회의 의의라면 대회를 통해 국민들에게 전기 사용의 중요성을 알리고, 전력산업

종사자들의 역할을 강조하는 기회를 제공했다는 점이리라. 아울러 전기산업 종사자와 일반 시민들이 함께 참여하며 화합과 교류를 도모하는 축제의 장이 되기도 했다.

이 대회는 특히 전기 관련 기업과 기관의 적극적인 후원과 홍보 활동이 대회 성공에 크게 이바지했다. 제15회 전기사랑마라톤대회는 단순한 스포츠 행사를 넘어 전기의 중요성과 환경에 대한 의식을 고취하는 데 큰 역할을 했다고 평가받고 있다.

'가족 함께 뛰며 추억 쌓기' 과천마라톤대회

과천마라톤대회는 2018년 5월, 과천 관문체육공원을 중심으로 개최된 대규모 마라톤 행사였다. 이 대회는 지역 주민들과 전국의 마라톤 애호가들을 2천여 명이 참가한 가운데 개최했다. 주최는 과천시와 경기일보, 주관은 과천시체육회·과천시육상연맹이, 그리고 경기도체육회·수자원공사·농협과천시지부 등이 후원·협찬했다.

코스는 하프, 10km, 5km 코스로 구성되었는데, 참가자들은 체력과 실력에 맞게 다양한 코스를 선택할 수 있었다. 하프코스는 관문체육공원 → 과천시청 → 보광사 → 배랭이길 → 문화체육공원 → 과천주공 8단지 → 양재천 → 반환 후 같은 경로로 복귀하는 코스인데, 과천의 자연과 도시를 조화롭게 느낄 수 있도록 설계했다.

10km 코스는 관문체육공원 → 과천 시내 주요 도로와 자연을 지나 반환점을 돌아오는 코스로 비교적 짧으나 도전적인 구간으로, 많은 마라톤

애호가에게 인기를 끌었다.

한편, 5km 코스는 남녀노소 누구나 참여 가능한 부담 없는 거리로 가족 단위 참가자와 초보자들이 많이 선택했었다. 특히 이 대회에서는 과천시장애인복지관 이용자와 가족·직원 등 약 70명이 함께 5km 코스에 참가해서 눈길을 끌었는데, 지역 사회 통합과 스포츠를 통한 희망을 상징하는 특별한 의미를 주었다. 그리고 가족이 함께 뛰며 추억을 쌓는 모습이 이 대회의 또 다른 하이라이트가 되었다.

참가자들에게 간단한 건강검진과 스트레칭 강습을 제공했으며, 지역 상인들과 협력하여 다양한 푸드 트럭과 체험 부스를 운영해서 인기를 끌었다. 또한 이 대회는 마라톤의 경쟁 요소뿐만 아니라 참가자 간 화합과 즐거움을 강조했다. 응원 단체들이 코스 곳곳에서 참가자들을 격려했다. 특히 과천의 자연 경관을 배경으로 한 코스는 대회에 참가한 이들에게 특별한 경험을 선사했다. 이 대회는 과천시가 스포츠 활성화를 통해 주민 건강과 화합을 도모하는 데 중요한 역할을 했다는 데 의의가 있었다.

또한, 지역 경제 활성화에도 공헌했으며, 참가자들로부터 이점 긍정적인 평가를 받았다.

▲ 2018년 5월 13일에 열린 과천마라톤대회

공원사랑서울혹서기마라톤대회

  2018년 여름 다소 독특한 마라톤대회를 기획하고 추진했다. 2018년에 열린 공원사랑서울혹서기마라톤대회다. 이 대회는 뜨거운 여름철의 도전적인 환경 속에서도 참가자들에게 특별한 경험을 선사한 이색 마라톤 대회였다. 2018년 8월에 서울과천대공원 동물원 외곽에서 2천여 명이 참가한 가운데 열렸다. 대한직장인체육회 마라톤협회, 충사모(충청 마라톤 사랑모임), 마라톤TV 주최에 과천시의회·대한직장인체육회·모두투어·타이완관광청 등이 후원했다.

  대회 코스는 서울대공원의 독특한 지형을 활용해 설계했다. 풀코스는 서울대공원 내 동물원 외곽 7km 구간을 6회 왕복하는 것으로, 언덕과 내리막이 조화를 이루며 높은 난이도로 유명했다. 하프코스는 동일 구간을 3회 왕복하는 것으로, 풀코스의 절반 거리로 언덕 구간의 부담이 적으면서도 충분히 도전적인 코스였다. 그리고 10km와 5km 건강달리기인데, 풀코스보다 짧은 거리지만 동물원 외곽의 자연을 만끽할 수 있는 코스였다.

  이 대회는 한여름의 무더운 날씨 속에서 진행되었으니, 참가자들에게 극한의 체력과 정신력을 시험하는 기회가 되었다. 참가자들은 고온 속에서 스스로 한계를 극복하며 경기에 임했다. 더군다나 서울대공원 동물원 외곽은 언덕이 많아 평지 코스와는 다른 난이도인지라 참가자들에게 체력적으로 더 큰 도전을 부여해 주었다.

  혹서기 대회라는 점을 고려해 다양한 보급품을 마련해서 제공했다. 시

▲ 2018년 8월 12일에 열린 공원사랑서울혹서기마라톤대회

원한 물과 콜라 등 음료를 비롯해 수박·토마토 등 여름철 과일, 더 나아가 에너지를 보충할 수 있는 김밥과 쭈쭈바 등 아이스크림까지 제공했다. 고온 환경에서의 대회인 만큼 코스 내 의료진과 자원봉사자를 대거 배치했다. 참가자들은 필요시 즉각적인 응급처치를 받을 수 있었다. 대회 현장에는 가족 단위 참가자들을 위한 다양한 즐길 거리를 마련했다. 스포츠 축제를 통해 참가자와 관중 모두 즐길 수 있도록 다양한 이벤트를 진행했다. 비록 무더운 날씨와 험난한 코스로 인해 기록 단축은 어려웠으나, 참가자들은 완주 자체를 목표로 삼으며 끊임없이 도전하는 모습을 보여주었다.

"이 무더위에 서울대공원의 언덕길은 정말 도전적이었지만, 걷지 않고 완주했다는 점이 매우 뿌듯하다"라는 참가자들의 대회 완주 소감이 주류를 이루었다. 이같이 이 대회는 고온의 여름 날씨 속에서 열린 이 대회는 참가자들에게 신체적·정신적 극복의 중요성을 상기시키며, 지역 경제와 관광 활성화에 공헌했다는 평가를 받고 있다. 이후 공원사랑 마라톤은 매년 계절마다 특색 있는 주제로 개최되며, 서울과 과천 지역을 대표하는 스포츠 이벤트로 자리 잡았다.

고용노동부장관기 전국직장인마라톤대회

2018년 10월 3일 제1회 고용노동부장관기 전국직장인마라톤대회를 서울 여의도 한강시민공원 이벤트 광장에서 성대하게 개최했다. 이날은 개천절이었다. 이 대회는 직장인들이 스포츠를 통해 건강을 증진하고 동

▲ 2018년 10월 3일에 열린 제1회 고용노동부장관기 전국직장인마라톤대회

료와 가족과 함께 즐기는 시간을 가질 수 있도록 마련한 행사였다.

주최는 대한직장인체육회, 주관은 대한직장인체육회 마라톤협회, 고용노동부·전국지역신문협회·TV서울이 후원했고 신한은행·모두투어가 협찬했다. 코스와 참가 규모는 풀코스:, 하프코스, 10km, 5km로 3천여 명의 직장인과 일반 시민들이 참여했다. 이날 대회에서 서울시청 마라톤동호회가 대회 최고 상인 '고용노동부장관기'를 수상하며 단체로 큰 영예를 안았다.

또한 서울시청 마라톤동호회 소속 최성학 회장은 풀코스 마라톤 500회 완주 기록을 달성하여 특별 기념패를 받았다. 이 기록은 국내외적으로도 보기 드문 대기록으로 많은 이들의 박수갈채를 받았다. 대회 당일은 맑고 선선한 가을 날씨로, 마라톤에 최적의 조건이었다. 참가자들은 한강의 아름다운 풍경을 배경으로 달리며 체력과 인내를 시험했다. 현장에 직장인과 그 가족들이 즐길 수 있는 다양한 이벤트를 마련했다. 무료 건강 상담 부스와 직장 내 스트레스 해소를 주제로 한 워크숍도 열었으며, 참가자들은 레이스를 마친 후 따뜻한 음식과 음료를 제공받아 에너지를 충전했다. 참가한 많은 직장인은 이 대회를 통해 동료들과 더 깊은 유대감을 형성했다고 전했다. 특히 가족 단위 참가자들은 아이들과 함께 마라톤을 경험하며 소중한 추억을 만들었다는 반응을 보였다.

이 대회의 의의라고 한다면 무엇보다 직장인들이 일상 업무로 인한 스트레스를 해소하고 건강을 도모할 수 있는 계기를 마련했다는 점, 그리고 스포츠를 통해 활기차고 긍정적인 직장 문화를 조성하며 직장 내 소통과 화합을 도왔다는 점일 것이다. 아울러 서울의 대표적 자연 자원인 한강의 매력을 알리고 시민들이 즐길 수 있는 열린 공간으로 활용하는 계기가 되었다.

특히 이 대회는 정부 고용노동부의 후원과 직장인체육회의 체계적인 준비가 큰 역할을 했다. 이같이 제1회 고용노동부장관기 전국직장인마라톤대회는 단순한 스포츠 행사가 아닌 직장인들의 삶의 질 향상과 직장 내 화합을 도모하는 의미 있는 자리였다고 평가받고 있다.

'시민 건강 증진 한마당' 한강시민마라톤대회

2018년 12월에 제17회 한강시민마라톤대회를 여의도 이벤트 광장에서 개최했다.

한강의 아름다운 풍경을 배경으로 시민들이 함께 건강을 증진하고 스포츠를 즐길 수 있는 축제의 장으로 마련했다. 풀코스와 하프, 10km, 5km로 한강을 따라 설계하여 초보자부터 전문가까지 다양한 참가자들에게 맞춤형 선택이 가능토록 구성했다.

주최와 주관은 한국마라톤TV가 맡고 대한직장인체육회 마라톤협회·모두투어가 후원했다. 특히 박원순 당시 서울시장이 10km 코스에 참가하여 시민들과 함께 완주하며, 건강과 화합의 메시지를 전했다. 그리고 세계적으로 유명한 마라토너를 다수 초청하여 도전과 성취를 기념했고, 풀코스 3,000회 완주 기록자 등 이례적인 기록을 달성한 참가자에게 특별 시상이 이루어졌다. 수천 명의 시민들이 참가하여 마라톤뿐만 아니라

▲ 2018년 12월에 눈발이 휘날리는 가운데 열린 제17회 한강시민마라톤대회 출발 장면

▲ 2018년 12월 제17회 한강시민마라톤대회에 지지자들 또는 측근들과 함께 참석해 레이스를 힘차게 펼치는 박원순 전 서울시장 (앞줄 좌에서 다섯 번째)

다양한 부대행사를 즐겼다. 특히 인상 깊었던 점은 대회 당일 서울에 가벼운 눈이 내려, 겨울 특유의 낭만적인 분위기 속에서 진행되었다. 현장에 시민들을 위한 무료 건강검진, 체력 테스트, 지역 특산물 체험 부스 등을 운영했다. 특히 아이들을 위한 작은 이벤트와 가족 참여형 게임도 열었다.

그리고 플라스틱 사용 줄이기와 한강 보존의 중요성을 알리는 캠페인을 함께 진행해 친환경적 뜻깊은 행사였다는 평가를 받기도 했다.

참가자들은 추운 날씨에도 불구하고 적극적으로 참여해 "함께 뛰며 건강한 도시를 만든다"라는 대회의 취지를 몸소 실천했으며, 대회 종료 후 주최 측에서 제공한 따뜻한 음료와 간식을 먹으며 피로를 풀었다.

이 대회의 의의는 무엇보다 마라톤이라는 스포츠를 통해 시민들의 건강을 독려할 뿐 아니라 서울의 대표 자연환경 자원인 한강을 활용한 관광 및 스포츠 활성화에 기여했다는 점이다. 단순한 스포츠 이벤트를 넘어 서울 시민들이 건강과 자연을 함께 누릴 수 있는 사회적 축제의 한마당이었다.

2019 기해년 새해맞이신년일출마라톤대회

이렇게 다양한 마라톤대회와 함께한 2018년을 보내고 찾아온 2019년. 그해 신년을 맞이하는 기념으로 개최한 마라톤이 생각난다. 2019 기해년 새해맞이신년일출 마라톤대회였다. 이 대회는 2019년 기해년 새해 첫날의 시작을 건강하게 열기 위한 특별한 행사로, 많은 러너와 가족들이 함께 참여한 의미 있는 대회였다.

　서울 한강공원 마포대교 아래 서울색공원에서 새해 첫날, 일출 시간에 맞춰 개최했다. 마라톤TV와 대한직장인체육회가 주최, 주관하고 모두투어가 후원했다.

　한강의 아름다운 경관과 함께 달릴 수 있는 코스가 특징이었다.

　참가자는 2천여 명 이상의 러너와 그 가족들로서 모든 연령층의 사람들이 새해 첫날을 기념하며 함께 뛰었다. 참가자들은 각자의 체력과 목표에 맞게 다양한 코스를 선택할 수 있었다. 풀코스, 하프코스는 한강공원 내 왕복 코스로 경험 있는 러너들에게 적합한 도전적 코스였다. 10km 코스는 새해 첫날의 상쾌함을 느끼며 부담 없이 완주할 수 있는 거리이었는데, 입문자와 중급자들에게 인기가 많았다.

　한편, 5km 건강달리기 코스는 초보자와 가족 단위 참가자들을 위한 코스로 아이들과 함께 달리는 모습을 자주 볼 수 있었다. 역시 이 대회의 가장 큰 하이라이트는 새해 첫날의 일출이었다. 참가자들은 경기를 시작하기 전, 서울 한강의 아름다운 일출을 감상하며 한 해의 새로운 시작을 축하했다. 참가자들은 마라톤을 통해 건강한 새해를 다짐하며, 서로를 격려하며 화합의 시간을 보냈다. 대회 참가자들에게 기념 티셔츠와 특별 제작된 새해맞이 완주 메달을 제공했다.

　메달은 기해년을 상징하는 황금 돼지 디자인으로 제작되어 아마도 참가자들에게 의미 있는 기념품으로 남았을 것이다. 그리고 대회 중간에는 따뜻한 차와 간단한 스낵을 제공해서 참가자들은 새해 아침의 추위를 이길 수 있었다.

이 대회의 상징적 의미는 아무래도 새해 첫날을 운동으로 시작하며 건강을 다짐하는 기회를 제공했고, 한강공원의 활용과 함께 지역 주민과 방문객들이 함께 어우러지는 화합의 장이 되었다는 점이다. 아울러 일회용 플라스틱 사용을 줄이고, 참가자들에게 재사용 가능한 물병과 컵을 제공하여 환경보호의 중요성을 강조하기도 했다.

특히 이 대회에서는 특별 이벤트로 참가자들이 대회 시작 전 소원판(所願板)에 새해 소망을 적으며 새로운 다짐과 목표를 공유하는 뜻깊은 시간을 가지기도 했다.

한편으로는 멋진 일출을 배경으로 한 사진 촬영 공간을 마련해서 참가자들이 가족·친구들과 특별한 추억을 남길 수 있었다. 대회 이후에는 전문 러너들이 진행하는 간단한 러닝 강좌와 피드백 세션이 열려 참가자들이 자신의 러닝 기술을 점검할 수도 있었다.

이렇듯 2019년 기해년 새해맞이 신년일출마라톤대회는 러너들에게 건강과 희망의 시작을 제공하며 성공적으로 마무리되었다. 많은 참가자는 대회를 통해 새해를 활기차게 시작할 수 있었으며, 대회 종료 후에도 한강공원에서 가족과 함께 시간을 보내며 여유로운 하루를 즐겼다.

▲ 2019년 기해년 새해맞이신년일출 마라톤대회

10
세계직장인올림픽대회 서울 유치 성과

2000년대 이후로는 국내 마라톤대회 뿐 아니라 국제 마라톤대회에도 적극적으로 직접 참여하고 민간 교류 확대에 앞장서 나갔다. 세계직장인올림픽(World Company Sports Games)대회의 서울 유치를 위한 투혼은 나에게 오래도록 기억 남는 일이다.

세계직장인올림픽은 세계 직장인들의 스포츠 교류와 건강 증진을 목적으로 열리는 국제 스포츠 대회이다. 각국의 직장인들이 팀을 이뤄 다양한 스포츠 종목에 참여하는데, 수천 명의 참가자가 모이며, 축구·배구·육상·수영 등 20개 이상의 종목이 진행된다. 나는 "우리나라가 직장인 스포츠 분야에서도 글로벌 리더가 될 수 있다"는 비전을 가지고 세계직장인올림픽을 유치하려는 계획을 세웠다. 한국의 경제적 위상과 국제적 스포츠 대회 개최 경험을 활용해 대회 유치의 가능성을 높이고자 했다. 국내 직장인들에게 스포츠를 통한 건강과 화합의 기회를 제공하려는 의지가 유치 활동의 중심이었다. 나는 먼저 국제 스포츠 네트워크 구축을 위해 노력했다. 국제 직장인 스포츠 연맹(ICCS) 관계자들과 긴밀한 협의를 진행하며, 한국의 유치 경쟁력을 알렸다. 국제회의에서 인프라, 조직 능력, 경제적 안정성 등 우리나라의 대회 개최 능력을 강조하며 설득력 있는 발표를 진행했다. 아울러 프랑스·독일·일본 등 해외 주요 참가국의 협조를 얻기 위해 외교적 접촉을 강화해 나갔다.

한편으로는 국내 기반을 마련하는 데도 힘썼다. 문화체육관광부와 대한체육회, 대기업의 후원을 끌어내며 대회 유치 준비에 필요한 재정적, 행정적 지원을 확보했다.

대회 후보지로 서울·부산·인천 등 주요 도시를 검토하며, 세계적 수준의 스포츠 시설과 교통 인프라를 강조했다. 그리고 축구 리그, 마라톤대회 등 국내 직장인 스포츠 대회를 확대 개최하며 유치의 정당성을 강조했다. 이와 함께 대회 유치를 위해 "Work Together, Play Together(함께 일하고 함께 운동한다)"라는 슬로건을 내걸고, 국제 직장인 스포츠 커뮤니티에 적극적으로 홍보했다.

특히 한국의 스포츠 열기와 문화적 매력을 알리는 다큐멘터리와 영상물을 제작하여 유치 활동을 국제적으로 홍보해 나갔다. 대외적으로 유럽·아시아·북미 지역에서 열리는 관련 행사에 부지런히 참석하며 한국의 유치 의지와 역량을 지속적으로 강조했다. 프랑스·독일 등 강력한 경쟁국들과의 유치 경쟁에서, 한국의 고유한 문화와 스포츠 인프라를 차별화 요소로 내세웠다. 특히 디지털 참가 등록, 실시간 경기 결과 제공 등 우리나라의 IT 기술을 활용한 스마트 대회 운영 방안을 제안하며 현대적 대회 운영 모델을 제시했다.

일부 기관과 기업의 초기 지원 부족 문제를 해결하기 위해, 대회가 가져올 경제적·사회적 효과를 강조하는 설득 작업을 계속 진행했다. 무엇보다도 직장인 스포츠 활성화가 생산성과 팀워크 향상으로 이어질 수 있다는 데이터를 활용해 기업들의 참여를 유도했다.

이러한 끈질긴 노력 끝에 우리나라는 세계직장인올림픽 개최국으로 선정되었다. 이 대회는 한국이 아시아 최초로 개최한 사례로, 직장인 스포츠의 새로운 전환점을 마련한 매우 뜻깊은 대회였다. 참가자들이 일과 스포츠를 조화롭게 즐길 수 있는 프로그램을 운영하며, 다른 국가의 롤모델이 되었다. IT 기술과 우리나라의 전통문화를 결합한 개막식과 폐막식은 전 세계 참가자들에게 깊은 인상을 남겼다.

대회 이후에도 국내 직장인 스포츠 동호회와 대회가 급격히 증가하며, 건강한 직장 문화가 자리 잡는 계기가 되었다. 기업들은 대회를 계기로 사내 스포츠팀을 지원하기 시작했고, 이는 직원 복지의 새로운 트렌드로 이어졌다.

나는 이 대회의 성공을 바탕으로 직장인 스포츠를 위한 지속 가능한 플랫폼 구축과 아시아 내 직장인 스포츠 교류 확대를 목표로 삼게 되었다. 나로서는 참으로 큰 노력을 기울인 끝에 일구어낸 성공적인 행사인지라 오래도록 기억에 남을 것 같다.

▲ 2019년 7월에 스페인에서 열린 세계직장인올림픽대회에 참석해 동 대회의 서울대회 유치를 위해 맹활약을 펼친 필자

11
뉴욕·타이완국제마라톤, 남다른 애정·추억

또 다르게 주목할 만한 주요 국제대회는 뉴욕국제마라톤대회와 타이베이국제마라톤대회다.

뉴욕국제마라톤대회는 뉴욕 한인 마라톤클럽의 초청으로 매년 참가하며, 스포츠 민간 교류 활성화에 기여하고 있다. 뉴욕국제마라톤대회(New York City Marathon)는 매년 11월에 개최되며, 세계 최대 규모의 마라톤대회 중 하나로 손꼽히는 대회이다. 약 5만 명의 참가자가 뉴욕의 5개 자치구를 달리는 이 대회는 전 세계에서 가장 권위 있는 마라톤대회 중 하나로, 단순히 스포츠 이벤트를 넘어 도시 축제로 자리 잡았다. 이 대회는 글로벌 러닝 커뮤니티의 중심지 역할을 하며, 참가자들은 다양한 국적과 문화를 대표한다.

나는 2000년대 초반 뉴욕 한인 마라톤클럽의 초청을 계기로 뉴욕국제마라톤대회에 첫발을 내디뎠다. 이후 매년 대회에 참가하며 한국과 뉴욕 간의 민간 스포츠 교류를 활성화하는 데 주력했다. 나는 대회 참가를 단순히 개인적인 도전으로 여기지 않고, 마라톤을 통해 세계와 소통하고 한국 마라톤 문화를 세계에 알리는 중요한 기회로 삼았다.

뉴욕국제마라톤대회는 코스 난도가 높고 많은 인원이 참여하기 때문에 참가 준비 과정이 매우 중요하다. 그래서 나는 매년 참가를 앞두고 철저한 훈련과 계획을 세웠다. 대회 6개월 전부터 매일 새벽 러닝 훈련과 인터벌 훈련을 병행하며 체력을 단련했다. 그리고 뉴욕 마라톤 코스는 고저 차가 크고 여러 다리를 건너는 구간이 있어, 코스 특성을 분석하고 대비하기 위한 전략을 수립했다. 대회 2주 전 뉴욕에 도착하여 현지 기후와 시간대에 적응하며 최상의 컨디션을 유지했다.

나는 대회 참가 외에도 다양한 활동을 통해 한국과 국제 마라톤계의 연결고리가 역할을 맡았다. 뉴욕 한인 마라톤클럽과의 긴밀한 협력을 통해 한국 참가자들의 지원을 아끼지 않았다. 대회 전후 현지 기자회견을 자청하여 한국 마라톤의 역사와 문화를 소개하며 국제적 이목을 모았다. 그리고 대회 참가자와 주최 측과의 네트워킹을 통해 한국 마라톤대회에 대한 초청과 협력 방안을 모색했다.

개인적인 뉴욕국제마라톤의 성과라 한다면 매년 약 4시간 내외의 기록으로 완주하며 자신의 체력과 의지를 입증했다는 것이다. 그리고 더 나아가 뉴욕 마라톤 참가를 계기로 국내 마라톤 동호회와 해외 마라톤 클럽 간의 정기적인 교류를 주도했다. 아울러 대회 참가 시 독도가 그려진 유니폼을 착용하여 한국 영토의 중요성을 알리는 독도 홍보 활동을 펼쳐 나갔다.

이렇듯 뉴욕국제마라톤대회는 나에게 단순히 기록을 넘어선 새로운 영감을 제공해 주었다. 나는 이 대회를 통해 "마라톤은 국경을 초월한 언어"라는 평소의 신념을 확고히 하게 되었고, 이를 바탕으로 한국 마라톤의 세계화를 목표로 삼게 되었다.

뉴욕에서의 경험은 국내 대회 기획에도 영향을 주어, 국제 표준에 맞춘 코스 설계와 운영 방식을 도입하는 계기가 되었다. 나는 뉴욕국제마라톤 대회에서 얻은 경험을 바탕으로, 한국에서 국제적인 수준의 마라톤대회를 개최하는 꿈을 키워갔다.

나는 "마라톤은 단순한 스포츠가 아니라, 세계와 하나 되는 축제"이며, 앞으로도 마라톤을 통해 한국의 문화를 알리고 세계와 더욱 소통해 나갈 것을 결심하게 되었다.

아울러 타이베이국제마라톤대회에도 직접 참가하여 국제 교류를 촉진 시켰다. 타이베이국제마라톤대회(Taipei International Marathon)는 타이완에서 매년 열리는 대표적인 국제마라톤대회이다.

이 대회는 아시아 마라톤의 중심지 중 하나로, 다양한 국적의 마라토너

▲ 필자가 매년 빠지지 않고 참석하는 뉴욕국제마라톤대회 막전 막후

들이 참가하여 스포츠를 통한 화합과 교류의 장으로 자리 잡았다. 2000년대 중반, 타이베이국제마라톤대회에 초청받아 처음으로 참가했다. 이를 계기로 타이완과의 스포츠 교류를 확대하려는 한국 마라톤계의 전략적 노력과 개인적 열정이 컸다. 이후 나는 매년 이 대회에 참가하며 한국·타이완 간의 스포츠 외교의 가교 구실을 해왔다.

타이완에 가보니 그곳의 기후는 한국보다 덥고 습도가 높아 체력 소모가 크기 때문에 나는 대회 전 3개월 동안 고온 다습한 환경에 적응하기 위한 특별 훈련을 실시했다. 매번 대회 참가 시 국내 마라톤 동호회와 협력하여 한국 대표팀을 구성해 팀워크를 기반으로 한 마라톤 교류를 주도했다.

타이베이 코스는 도심의 주요 도로를 지나며 고저(高低·높고 낮음) 차가 적어 비교적 빠른 기록을 내기 좋은 환경이었지만, 대규모 참가자로 인한 혼잡을 대비한 전략적 배치와 페이스 조절을 계획했다.

대회 참가 중 나는 '대한민국'이라고 새겨진 유니폼과 함께 태극기를 들고 달리며 한국 마라톤의 위상을 알렸다. 타이베이국제마라톤대회 참가를 단순한 스포츠 활동으로 끝내고 싶지 않았다. 독도를 형상화한 유니폼과 모자를 착용하고 대회에 참가하여, 국제 사회에 독도 문제를 알리는 캠페인을 펼쳤다. 이러한 활동은 현지 언론에서도 주목을 받으며 긍정적인 평가를 얻었다. 또한 한국을 대표하는 마라토너 이봉주 선수와 함께 대회에 참가하여 현지 언론과 타이완 참가자들의 주목을 받았다. 이봉주 선수는 한국 마라톤의 상징적 인물이었기 때문에, 그와의 협력은 더욱 큰 이목을 모았다. 그리고 타이완마라톤협회와의 회담을 통해 한국

마라톤대회에 타이완 선수들을 초청하거나, 타이완 대회의 홍보를 지원하는 상호 교류 방안을 논의했다. 대회 결과 나는 매번 약 4시간 내외의 안정적인 기록으로 대회를 완주했다.

이러한 한국 마라톤의 열정과 타이완 선수들과의 교류는 현지 언론의 조명을 받으며 양국 간의 스포츠 우정을 상징적으로 보여주었다. 그리고 대회 이후 타이완 측과의 지속적인 협의를 통해 '한·타이완 친선 마라톤' 개최를 논의하며, 아시아 마라톤 커뮤니티의 결속을 강화했다. 나는 타이베이 국제마라톤을 "아시아의 새로운 친구를 만나는 장"이라고 표현하고 싶다. 스포츠를 통해 우리는 국경을 초월해 연결될 수 있다는 믿음을 더욱 공고히 하게 되었으며, 앞으로도 타이베이 대회를 통해 양국 간의 우정을 계속해 두텁게 이어가고 싶다.

이 대회를 통해 느낀 점을 나름대로 정리해 본다면 첫째는 새로운 환경에 대한 철저한 분석과 준비가 성과를 좌우한다는 점이다. 그리고 타이베이국제마라톤대회를 통해 스포츠는 단순히 기록을 세우는 것이 아니라, 사람과 사람, 국가와 국가를 연결하는 중요한 매개체임을 다시 한번 깨닫게 되었다. 그래서 타이베이 대회 경험을 바탕으로 한국에서 아시아권 마라토너를 초청하는 국제 대회를 열겠다는 비전을 세울 수 있었다.

그리고 뉴욕·타이베이마라톤대회뿐 아니라 런던·베를린·보스턴·시카고·도쿄 등 세계 6대 국제마라톤대회에도 참가해 왔다. 특히 도쿄와 뉴욕 국제마라톤대회는 매년 9년째 참가하고 있다.

▲ 우리나라를 대표하는 이봉주 선수와 함께 타이베이국제마라톤대회는 매년 참석해 국위 선양에 앞장서 온 필자

세계 6대 마라톤대회는 월드 마라톤 메이저스(World Marathon Majors, WMM)로 불린다. 전 세계에서 가장 권위 있는 마라톤대회로 꼽힌다. 이 대회들은 국제육상경기연맹(IAAF) 인증을 받은 엘리트 경주로, 많은 참가자와 관중을 끌어들이며 각 도시의 문화적·역사적 특색을 반영한다. 내가 참가해 본 마라톤대회를 포함해 세계 6대 마라톤대회의 특징을 간략히 설명해 보고자 한다. 이를 통해 세계적 수준의 마라톤대회를 이해하는 데 도움이 되었으면 좋겠다.

첫째 보스턴국제마라톤대회(Boston Marathon)은 1897년에 시작된 세계에서 가장 오래된 연례 마라톤대회이다. 매사추세츠주 홉킨턴에서 보스턴까지 이어지는 포인트 투 포인트 코스로 '하트 브레이크 힐'이라는 경사가 큰 구간이 도전에 추가적인 재미를 준다. 매년 4월, 미국의 애국자 기념일(Patriots' Day)인 월요일에 열린다

참가 자격이 엄격하여 엘리트와 일반 러너들 사이에서 높은 명성을 가지며, 열정적인 지역 커뮤니티와 관중의 응원이 유명하다.

둘째 런던국제마라톤대회(London Marathon)는 템스강 주변을 달리는 코스로, 타워 브리지와 버킹엄 궁전 등을 포함한 런던의 랜드마크를 지나간다. 1981년 시작되었으며 매년 4월에 열린다. 자선 모금 활동의 중심으로 세계 최대 규모의 자선 마라톤으로 알려져 있으며 다양한 퍼포먼스와 코스 응원으로 축제 분위기를 연출한다.

셋째 베를린국제마라톤대회(Berlin Marathon)은 독일 베를린 시내를 통과하며, 브란덴부르크 문이 결승점이다. 1974년 시작했는데 매년 9월

말 열린다. 평평하고 빠른 코스로 세계 기록이 자주 세워진다. 그래서 세계 기록을 겨냥한 엘리트 선수들이 많이 참가한다. 독일의 정확성과 열정적인 응원이 결합한 대회이다.

넷째 시카고국제마라톤대회(Chicago Marathon)는 시카고 도심을 도는 평탄한 코스로, 엘리트 선수들이 좋은 기록을 내기 적합한 대회이다. 1977년 시작했는데 매년 10월 초에 열린다. 다채로운 도시 풍경과 다양한 지역 커뮤니티의 응원이 돋보이며, 대규모 참가 인원을 수용하며 글로벌한 명성을 유지하고 있다.

다섯째 뉴욕국제마라톤대회(New York City Marathon)는 뉴욕의 다섯 개 자치구(스태튼 아일랜드·브루클린·퀸스·브롱크스·맨해튼)를 지나며, 센트럴 파크가 결승점이다.

1970년 시작되었는데 매년 11월 첫째 주 일요일 개최된다. 참가자 수가 세계 최대이며 다양한 국적의 러너들이 참여하고, 활기찬 응원과 뉴욕의 독특한 도시 풍경이 특징이다.

여섯째 도쿄국제마라톤대회(Tokyo Marathon)는 일본 도쿄 시내를 관통하며 스미다강과 긴자를 포함하는 코스의 대회이다. 2007년 시작했는데 2013년 월드 마라톤 메이저스에 합류했고, 매년 3월 열린다. 아시아에서 유일한 메이저 대회로, 일본 특유의 정교한 운영이 돋보이며 엄격한 시간제한과 수준 높은 참가자들이 모이는 것이 특징이다.

나는 지금도 이러한 세계 6대 마라톤대회의 특장점을 분석하며 끊임없이 우리나라에도 더욱 세계적인 훌륭한 대회를 만들어 나갈 기획을 하고 있다.

12
한국마라톤TV·
대한직장인체육회마라톤협회

내가 대표이사로 있는 한국마라톤TV는 마라톤 스포츠와 생활체육을 전문적으로 다루는 대한민국 최초의 마라톤 전문 방송 유튜브 채널이다.

내 나름의 열정과 비전으로 탄생한 미디어이다. 이 채널은 단순히 스포츠 방송에 머물지 않고, 한국 마라톤 문화를 전파하고 발전시키는 데 중요한 역할을 해왔다.

앞서도 언급했듯이 나는 지난 30년간 마라톤대회를 기획하며 스포츠가 개인의 삶과 사회에 미치는 긍정적인 영향을 직접 경험해왔다. 마라톤은 상대적으로 전문성과 체력을 요구하는 스포츠로 인식되었으나, 이를 대중이 쉽게 접근하고 즐길 수 있도록 홍보할 플랫폼이 필요했다. 그래서 마라톤 TV를 만들면서 생활체육으로서 마라톤의 가치를 알리고, 국민 건강 증진을 도모하고자 했다. 그리고 기록과 역사 보존 차원에서 한국 마라톤대회와 선수들의 이야기를 기록하고 공유하여, 스포츠 문화의 유산을 남기고자 했다.

따라서 마라톤 TV의 설립 비전은 마라톤 문화를 전 국민에게 확산시키고, 스포츠를 통한 건강한 사회를 만드는 데 일익을 담당하는 것이다. 한국 마라톤을 세계에 알리는 미디어 창구로서의 역할을 수행하자는 것이다. 마라톤을 비롯한 생활체육에 대한 대중의 관심을 높이고, 참여를 유도하는 콘텐츠를 제작하고 있다.

대표 콘텐츠는 서울국제마라톤·춘천마라톤·보스턴·뉴욕 등 해외 메이저 마라톤 대회와 같은 국내외 주요 마라톤대회를 생중계하는 것이다. 전문 해설과 경기 분석을 통해 마라톤 팬들에게 깊이 있는 정보를 제공한다. 또한 마라톤 강좌와 관련 정보 프로그램을 제공한다. 예컨대 초보자용 마라톤 강의에서 '마라톤 시작하기', '효율적인 훈련법', '부상 방지 요령' 등을 알려주기도 하고 신발·의류·스마트 워치 등 마라톤에 필요한 제품 리뷰와 추천 관련 정보를 제공한다. 그뿐만 아니라 마라톤 선수와 대회 이야기도 제공하는데, 국내외 유명 마라토너 인터뷰와 그들의 훈련 일상을 공개하며 마라톤대회의 역사와 에피소드를 다룬 다큐멘터리도 제작해서 방영하고 있다.

한편으로는 생활체육 프로그램으로써 지역별 생활체육 마라톤대회의 홍보와 중계를 하기도 한다. 그리고 일반 마라톤 참가자들의 사연을 소개하는 '러너 이야기'라는 코너도 있고, 특집으로 심혈관 질환 예방, 체중 관리 등 마라톤이 건강에 미치는 긍정적 효과를 조명하는 프로그램, 전 세계에서 열리는 아름답고 독특한 마라톤 코스를 탐방하는 프로그램 등 다채로운 프로그램을 운영하고 있다. 이 같은 한국마라톤TV의 역할과 성과라면 무엇보다 국내 마라톤 문화를 확산하는 데 큰 공헌을 하고 있다는 점을 꼽을수 있겠다. 마라톤의 매력을 쉽게 접할 수 있도록 다양한 프로그램을 제공하며, 신규 러너의 진입 장벽을 낮췄다. 대회 중계를 통해 마라톤의 박진감과 감동을 전달하며, 대중의 관심을 크게 높였다. 그리고 한국마라톤TV는 단순히 전문 마라토너뿐 아니라 일반 시민들을 위한 생활체육 문화를 조성했다. 또한 중소 규모의 지역 대회를 조명하며, 지역 사회의 참여와 활력을 도모한다.

한편으로는 국제적 교류도 활발히 했는데, 해외 주요 대회를 중계하며 한국의 러너들에게 세계 대회에 대한 정보를 제공한다. 한국의 마라톤 문화와 대회를 해외에 홍보하며 국제적 관심을 이끌었다. 유튜브, SNS 등 다양한 디지털 플랫폼을 활용해 시청자와의 소통을 강화하고 있는데, 실시간 스트리밍과 참가자 인터뷰 등 디지털 시대에 걸맞은 콘텐츠를 제작하고 있다.

나는 채널 개국 초기부터 기획, 콘텐츠 제작, 대회 중계까지 모든 과정에 깊이 관여하며 마라톤TV의 방향성을 정립했다. 방송사 운영 외에도 마라톤대회 현장에서 직접 발로 뛰며 콘텐츠의 현장감을 더했다. 스포츠

마케팅과 방송 제작의 전문성을 바탕으로, 한국마라톤TV를 국내 최고의 마라톤 플랫폼으로 성장시켜 왔다고 자부한다. 나는 앞으로도 한국마라톤TV를 세계 주요 마라톤 커뮤니티와 연결해 국제적인 미디어로 성장시켜 나갈 것이다. 시청자 참여를 높이기 위한 인터랙티브 프로그램을 개발하는 한편 교육 콘텐츠를 더욱 강화하여 마라톤과 관련된 심화 강좌와 건강 교육 프로그램을 확대해 나갈 것이다. 더 나아가 한국 마라톤의 세계화를 위해 국제 마라톤 기구와의 협력을 더욱 강화해 나가고자 한다. 이를 통해 한국 마라톤이 스포츠의 한 장르로 자리 잡고, 더 많은 이들이 마라톤을 즐기게 되는 데 결정적인 역할을 해 나갈 것이다.

한편 내가 회장으로 있는 대한직장인체육회 마라톤협회는 직장인을 중심으로 마라톤 문화를 확산시키고 건강한 사회를 구현키 위해 설립된 단체이다. 직장인들에게 마라톤을 통해 체력

▲ 2019년 4월 어느 봄날 남산 일주도로를 달리는 필자

증진, 스트레스 해소, 그리고 동료와의 유대 강화를 도모하는 기회를 제공하고 있다.

대한직장인체육회 마라톤협회는 현대 직장인들은 업무로 인해 운동 부족과 스트레스를 겪는 경우가 많은데, 이를 해소하고 건강한 직장 문화를 조성하기 위해 설립되었다. 직장인들이 스포츠를 단순한 취미가 아닌 생활 일부분으로 받아들이고 꾸준히 참여할 수 있는 환경을 제공하기 위한 것이었다. 마라톤을 전문 선수뿐 아니라 일반 직장인도 쉽게 참여할 수 있는 운동으로 인식시키기 위해 노력했다.

그래서 마라톤을 통해 직장인의 신체적·정신적 건강을 개선하고 팀 단위의 참여를 통해 직장 내 협력과 유대를 강화하며, 다양한 직장과 직종의 사람들이 함께 소통하고 네트워크를 형성할 기회를 제공하고 있다.

그리고 국제적인 마라톤대회 참여를 통해 한국 직장인의 위상을 높이고 글로벌 스포츠 네트워크를 강화하고 있다. 주요 활동과 사업은 역시 마라톤대회를 개최하는 것이다. 매년 국내 주요 도시에서 직장인을 대상으로 마라톤대회를 개최하는데, 보통 풀코스, 하프코스, 10km, 5km 등의 다양한 코스로 구성해서 모든 연령대와 체력 수준의 직장인들이 참여할 수 있도록 설계했다. 그리고 회사별 팀을 구성하여 경쟁하며, 참가 기업에 팀워크와 협력을 강화하는 기회를 제공하기도 한다. 또한 소규모 지역 대회의 활성화를 지원하고, 협회 주관하에 운영하며 직장인 참가를 독려한다.

마라톤 교육과 훈련 프로그램도 제공한다. 처음 마라톤을 접하는 직장인을 위한 맞춤형 훈련 프로그램과 마라톤 참가자를 대상으로 부상 방지, 체력 관리, 식단 등 다양한 건강 정보를 제공한다.

 회사 내에서 마라톤 동호회를 결성하고 이를 운영할 수 있도록 조언을 해주고 재정적 지원도 해주고 있다. 그리고 앞서 언급한 한국마라톤TV와 협력하여 직장인 마라톤대회의 하이라이트를 방송하고, 참가자들의 이야기를 공유하기도 한다. '직장인을 위한 한 걸음'과 같은 슬로건을 활용해 마라톤의 긍정적 효과를 알리는 캠페인을 진행하고 있다. 더 나아가 국제 교류 활동도 활발히 진행하고 있다. 우선 뉴욕·보스턴·베를린 등 세계 유명 마라톤대회에 직장인 러너들이 참가할 수 있도록 지원해 주고 있다. 해외 마라톤 협회, 관련 단체와 협업하여 한국 직장인들이 국제 대회에 쉽게 접근할 수 있는 기반을 마련해 주는 것이다. 그리하여 한국 직장인 러너들이 해외 대회에서 좋은 성과를 내며, 대한민국의 마라톤 문화를 세계적으로 알리는 데 기여하고 있다.

 이처럼 대한직장인체육회 마라톤협회는 연간 수천 명의 직장인이 참가하는 대회로 성장하며, 직장 내 스포츠 활동 활성화에 이바지하고 있다. 참여 기업들은 팀워크와 조직 문화 개선 효과를 체감하며, 대회 참여가 복지 프로그램의 일부로 자리 잡은 것이다. 아울러 마라톤 참가를 계기로 건강에 관한 관심이 높아졌고, 직장 내 운동 문화가 정착하는 데 기여하고 있다. 참가자들은 마라톤을 통해 자기 계발의 기회를 얻고, 삶의 질을 높이는 효과를 경험하고 있다. 나는 이러한 운영을 통해 협회의 성장기를 이끌어 왔다.

 직장인들이 쉽고 재미있게 마라톤에 참여할 수 있도록 다양한 아이디어를 도입하고, 대규모 행사 운영 경험과 국제적 네트워크를 활용하여 협회를 계속해 발전시켜 왔다.

체계적인 대회 기획과 안전 관리로 참가자들의 만족도를 높이고, 참가자 맞춤형 서비스를 제공하며, 전문성과 신뢰도를 갖춘 협회로 성장시키는 데 일조했다는 자부심을 가지고 있다. 나는 앞으로 단순히 협회장에 머물지 않고, 더욱 현장에서 참가자들과 소통하며, 직장인 마라톤 문화의 중심 역할을 수행해 나갈 것이다. 그리고 대한직장인체육회 마라톤협회의 조직을 전국적으로 확장하고 싶다. 지방 도시로 대회를 확대하여 더 많은 직장인에게 기회를 제공하기 위함이다. 또한 참가 등록, 훈련 계획, 커뮤니티 형성을 돕는 디지털 플랫폼 구축하고, 국제 대회 개최 유치와 해외 마라톤대회와의 교류를 더욱 확대하며, 마라톤과 연계된 건강 관리 프로그램을 직장인들에게 제공하여 전인적 복지를 추구해 나갈 계획이다.

▲ 2019년 4월 20일에 열린 대한직장인체육회 마라톤협회 창립 2주년 기념식

13

나의 지난 30년 마라톤 인생을 되돌아보며...

 사람들은 내가 마라톤 풀코스를 세계에서 가장 많이 개최했다고 말하고 있다. 마라톤 풀코스 대회를 1년에 가장 많이 운영했던 시기의 운영 횟수는 무려 169번이었다. 지금도 여전히 풀코스 마라톤대회를 직간접적으로 연간 130회 정도는 개최하고 있다.
 세계 기네스북에 오를 기록이라고 한다. 기네스북에 오를 충분한 희귀성과 화제성이 있다고 평가받는다. 특히 우리나라 섬 지역에서 많은 마라톤대회를 개최해서 대한민국 섬 관광 활성화에 일등 공신이라는 평판도 받고 있다. 지금까지 계속 지속되거나 중간에 중단된 대회 개수까지 모두 합치면 헤아리기가 쉽지 않은데, 대략 수백 개의 마라톤대회를 유치하고 개최한 것 같다. 마라톤대회 개수가 아니라 개최 횟수로 따지면 아마도 총 3천여 회는 넘지 않을까 생각된다.

한편, 내가 참가한 세계 6대 마라톤대회와 내가 주관한 마라톤 외에도 지금도 우리나라에는 많은 훌륭한 마라톤대회가 있다. 그중 나는 여러분에게 춘천 마라톤대회를 추천하고 싶다. 조선일보가 주최하는데, 가을에 단풍을 보며 춘천호 호반 주변을 한 바퀴 달리며 돌아가는 경치가 매우 아름답다. 10번 마라톤 완주를 하면 명예의 전당에 가입된다. 그리고 해외 대회 중에는 이부스키유채꽃마라톤대회를 추천하고 싶다.

나는 벌써 22년째 다니고 있는데, 환상적인 유채꽃과 온천 먹거리가 풍부한 대회이다. 지역 주민은 만여 명이 안 되지만 일본 열도 전국에서 3만 명 정도가 모여 1만 8천 명 정도가 마라톤에 참여하는 대규모 대회이다.

내가 개최한 대회 중에는 평양 마라톤, 금강산 마라톤, 울릉도 마라톤, 전기사랑 마라톤, 여의도벚꽃마라톤 등이 가장 기억나고 보람 있었던 대회로 기억하고 싶다. 나의 마라톤 인생은 앞으로도 계속 이어 나갈 것이다.

해외 마라톤대회와 관련해서는 이부스키 마라톤대회는 물론 타이완 타이난 마라톤대회 측에서 계속 초청해 와서 지금도 참가하고 있다. 올해 타이난 마라톤대회와는 서로 초청하면서 더욱 본격적으로 교류하게 되었다.

▼ 박원순 전 서울시장이 2019년 4월 어느 봄날 남산 일주도로를 달음질하던 당시 필자가 찍은 사진

 이렇듯 지난 세월을 회상해 보니 참으로 많은 일이 주마등처럼 기억을 스쳐 지나간다. 고산자 답사회 한국여행문화연구소를 워밍업으로 시작해서 마라톤 전문 기획사가 되기까지 지나쳤던 여러 가지 크고 작은 일들이 생각난다. 결국, 호텔인에서 여행인, 즉 여행·관광인으로 변신했다가 이제 국제적인 마라톤 스포츠 이벤트 전문가로의 다시 변신에 성공한 인생 여정이 되었다. 그간의 세월 속에 아쉬움은 없다. 전국을 다 돌아다녔고 특히 섬 지역은 안 가 본 데가 없을 정도이다. 평양·울릉도마라톤대회와 각종 국제마라톤 행사 참가 알선 대행 등은 아직 계속 명맥을 유지하고 있으니 만족스럽다. 특히 그간 전라도 지역의 보성녹차 마라톤, 영

광굴비마라톤, 나주 영산강마라톤, 전남일보·광주일보 주최 3.1절 마라톤 등 각종 호남 국제마라톤대회의 태동에 깊이 간여한 여러 대회가 매우 활성화되어 흡족하기 그지없다. 최근에는 2019년 7월, 스페인 토르토사에서 열린 '세계 직장인 올림픽대회'에 한국 대표 기수로 참가하여 2023년 대한민국 세계 직장인 올림픽대회를 유치하는 데 선봉장 역할을 했다는 게 뿌듯하다.

또한, '제8회 2023 세계직장인올림픽 대회' 준비위원으로 위촉되어 성공적인 대회 개최를 위해 노력했다. 그리고 현재는 한국마라톤TV의 대표이사로서 마라톤 관련 콘텐츠를 제작하고, 마라톤 문화 확산에 힘쓰고 있다. 아울러 대한직장인체육회 마라톤협회장으로서 국내 마라톤 대중화와 발전에 기여하고 있으며, 스포츠 한국 논설위원으로도 활동하고 있다.

이렇게 지금까지 30여 년 동안 마라톤대회에 참가해서 열심히 뛰다보니 요즘 다리 상태가 좋지 않다. 그러나 혼신의 힘을 다해 열심히 살아왔으니, 조금의 후회도 없다. 지금까지 살아온 인생을 돌이켜보면 몸을 너무 혹사하지 않았나 싶다. 그간 마라톤 행사 준비를 위해 동분서주 하다보니, 매일 밤 잠을 2시간 정도밖에 자지 못했고, 맨정신으로는 힘들어 거의 매일 소주 한 병씩 마시며 30여 년을 버티어 왔으니 말이다. 그래서 이제는 건강 관리를 위해 일선에서 물러나려고 한다.그러한 여정 가운데 천만다행인 것은 나의 딸아이가 내가 하던 일을 대신 맡게 되면서 회사 매출이 50%나 늘었다는 사실이다. 물론 나의 딸아이 역량도 훌륭하지

▼ 2019년 여의도벚꽃마라톤대회 시상식에서 시상을 하는 필자

만, 지금껏 내가 닦아온 기반도 분명 한몫했을 것이라고 믿어 의심치 않는다.

그러나 확실히 젊은 아이들 머리가 남다르다는 걸 느낀다. 젊은 경영 마인드가 확실히 우리 기성세대와는 달리 우월하다는 걸 매번 느낀다. 그러한 젊음의 시너지 효과가 빛을 발하면 앞으로는 마라톤 기획·운영 분야가 활성화될 것으로 보인다.

몇 년 전 코로나19 팬데믹 시절 마라톤 기획·운영업계가 워낙 힘들었는데, 이제 어두운 시절은 지나고 때가 되어서 이렇게 또 다른 도약의 티핑 포인트를 맞았다. 그간 억눌리고 잠재되었던 마라톤 동호인 수요가 폭발

하고 있다고 본다, 나의 딸아이도 마라톤을 직접 달려본 적이 있지만 내가 보기에는 만약에 나의 일을 계속 맡아 한다면 더욱 자주 많이 달려보았으면 한다, 그렇지 않으면 반짝이는 아이디어로 당장의 수입은 늘릴 수 있겠지만 근본적으로 마라톤의 세계를 이해하지 못할 것이니 말이다.

누구나 마라톤 행사 기획자라면 다만 10km라도 직접 뛰어봐야 동호인들의 생각을 제대로 알 수 있다. 내가 달려 보지 않으면 마라토너의 심정을 이해하지 못할 것이기 때문이다. 이 일은 기획력과 의지만 가지고 되는 일이 아니다. 가장 기본적으로 사람을 이해할 수 있어야 하는 일이다.

나의 마라톤 30년 인생을 뒤돌아보건대 정말 남들이 걷지 않은 길을, 남들이 쉽게 걷지 못하는 길을 거의 무모할 정도로 도전해 왔다. 물론 실패도 있었지만, 많은 성취감을 맛보았다. 지금까지 나는 내 인생의 성과에 대해 별로 내세우거나 자랑한 적이 없다. 그래서 많은 사람들은 나에 대해 잘 모른다. 따라서 나의 인생 역정에 대한 올바른 인식이 부족하지 않나 하는 아쉬움이 컸다. 그래서 이번 기획을 통해서 내 삶의 지난 여정에 대해 정리를 해 이 분야에 관심과 애정을 지닌 후대에 중요한 기록으로 남기면 어떠하겠느냐고 권유해 와 이 책을 쓰게 되었다. 이 책이 출간되면 인간 이규운으로서 이러저러한 인생을 후회없이 살아왔다는 점과 내가 죽는 날까지 어떠한 인생을 살겠다는 그 이정표의 일단이나마 보여주고 싶었다. 흔히 마라토너들은 "나는 뛰다가 죽는 게 소원이다"라고 말한다. 나의 인생 역시 죽는 날까지 쉬지 않고 달리는 것이다. "철마도 달리듯이 마라토너들도 달린다."

  그리고 마라톤을 사랑하는 후배들에게 해주고 싶은 말이 있다.

  마라톤은 단순히 육체적 강인함을 요구하는 스포츠가 아니다. 그것은 우리 내면 깊숙한 곳에서 끊임없이 솟아나는 의지와 끈기의 시험장이며, 우리 자신과 끝없는 대화를 요구하는 철저한 자기 탐구의 과정이다. 마라톤대회에 참가하고 주최한 지 30년이라는 세월은 나에게 그 진리를 깨닫게 해주었다. 마라톤의 여정은 한 걸음씩 앞으로 나아가는 행위 그 자체이다. 이 단순한 행위가 얼마나 어렵고도 위대한 것인지 나는 매번 대회를 통해 깨달았다. 처음 10km는 대개 에너지와 흥분으로 가득 차 있다. 그러나 20km를 넘어 30km, 그리고 그 이상의 거리를 달릴 때면 체력은 고갈되고, 근육은 경련을 일으키며, 정신은 점점 희미해지기 시작한다. 그 순간이야말로 마라톤이 진정한 도전이 되는 지점이다.

  인내란 무엇일까? 인내는 단순히 고통을 참아내는 것이 아니라, 그 고통 속에서도 목표를 바라보고 자신을 믿으며 한 발 한 발 나아가는 것이다. 내가 수많은 마라톤 완주 경험을 통해 배운 중요한 교훈 중 하나는, 아무리 작은 걸음이라도 멈추지 않고 계속 나아간다면 결국 목표에 도달할 수 있다는 것이다. 끈기는 여기서 더 나아간다. 끈기는 반복된 실패와 좌절 속에서도 포기하지 않는 정신이다. 내가 처음 마라톤에 도전했을 때, 완주하기까지 몇 번의 실패를 경험해야 했다. 중간에 포기하고 싶었던 순간도 수없이 많았다. 그러나 중요한 것은 실패에서 배우고 다시 일어서는 용기였다. 실패는 끝이 아니라 그 과정의 일부라는 것을 깨달았을 때, 제 안의 끈기는 더 단단해졌다. 마라톤은 결국 자기 자신과의 싸움이다. 우리는 레이스 중에 끊임없이 자신의 한계와 대면하게 된다. "그만둬도 괜찮아", "여기까지도 잘했어"라는 마음의 속삭임과 싸워야 한다. 그 속삭임은 달리기에 있어 어려운 장애물 중 하나이다. 자기 자신과의 싸움에서 승리하기 위해서는 두 가지가 필요하다고 생각한다.

▼ 2019년 10월 조선일보 춘천국제마라톤대회에 참석한 필자

첫째, 명확한 목표 설정이다.

나는 항상 레이스 직전 자신에게 질문한다. "왜 이 마라톤을 뛰고 있는가?" 그 대답은 단순히 기록을 세우기 위함이 아니다. 자신을 시험하고

성장하기 위함이며, 스스로에게 약속한 목표를 이루기 위함이다. 목표가 명확할수록 내면의 유혹과 싸우는 힘도 강해진다.

둘째, 긍정적인 자기와의 대화이다.

몸이 고통에 비명을 지르고 있을 때, 부정적인 생각은 우리의 의지를 약화할 뿐이다. 대신, 나는 항상 스스로에게 "할 수 있다", "조금만 더 가보자"라고 격려한다. 이러한 긍정적인 대화는 고통을 견디고 앞으로 나아갈 수 있는 강력한 원동력이 된다. 그리고 마라톤에서 준비는 그 무엇보다 중요하다. 훈련 부족은 곧 고통으로 이어지고, 과도한 자신감은 실패로 이어질 수 있다. 나는 후배들에게 늘 강조한다. "준비는 레이스의 절반 이상이다."

훈련은 단순히 신체를 단련하는 것뿐만 아니라, 정신적 준비 과정이기도 하다. 나는 훈련 중에 자신을 끊임없이 시험한다. 날씨가 좋지 않을 때도 훈련을 멈추지 않고, 일정 거리 이상을 달린 후에도 조금 더 밀어붙인다. 이러한 훈련은 레이스 중에 닥칠 불확실성과 고통을 견딜 힘을 길러준다.

또한, 식단 관리와 휴식도 준비 과정의 중요한 요소이다. 몸이 최상의 상태를 유지할 수 있도록 영양을 섭취하고 충분한 휴식을 취해야 한다. 준비는 단순히 달리는 것뿐만 아니라, 자신을 철저히 관리하는 과정이기도 하다.

마라톤은 단지 스포츠가 아니라, 삶 그 자체와 닮았다. 달리는 동안 우리는 삶에서 마주치는 여러 가지 상황과 비슷한 경험을 하게 된다. 힘들고 지치는 순간도 있지만, 그 순간을 이겨내면 상상도 못 했던 아름다운 풍경과 성취감을 느낄 수 있다.

마라톤은 또한 겸손을 가르쳐 준다. 누구나 처음에는 무언가를 잘할 수 없다는 것을 인정하고, 배우며 성장해야 한다는 교훈을 준다. 나는 매번 대회가 끝날 때마다 "내가 얼마나 부족한 사람인가"를 깨닫곤 한다. 그러나 동시에 "얼마나 강한 사람이 될 수 있는가?"에 대해서도 알게 된다.

마지막으로 마라톤을 시작하려는 후배들에게 몇 가지 당부하고 싶다. 무엇보다 작은 목표부터 시작하는 것이다. 처음부터 42.195km를 목표로 하지 않아도 된다. 5km, 10km부터 시작해 서서히 거리를 늘려 가보라. 중요한 것은 시작하는 용기이다. 그리고 자신을 믿어라. 마라톤은 자신을 믿는 과정이다. 때로는 불가능해 보이더라도, 자신의 능력을 의심하지 말라. 마라톤을 뛰다 보면 레이스 중간에 포기하고 싶은 순간이 반드시 찾아온다. 그 순간을 이겨내는 것이 마라토너의 진정한 가치이다.

함께 달리는 즐거움을 찾아라!

마라톤은 혼자 뛰는 스포츠처럼 보이지만, 사실은 함께 뛰는 여정이다. 다른 사람들과 함께 목표를 향해 나아가며 얻는 격려와 영감은 무엇과도 비교할 수 없다.

그리고 무엇보다 중요한 점은 결과보다 과정을 즐기라는 것이다. 기록이나 순위에 집착하기보다, 달리는 과정에서 느껴지는 자유와 성취감을 만끽해 보라. 그것이 마라톤의 진정한 매력이다.

지난 30여 년이라는 시간 동안 마라톤은 내 삶을 변화시켰고, 내가 누구인지를 성찰하도록 도와줬다. 이제는 여러분이 그 여정을 시작할 차례이다. 끊임없이 도전하고, 자신을 믿고, 나아가 보라. 마라톤의 끝에서 여러분은 새로운 자신을 발견하게 될 것이다.

▲ 2019년 11월 뉴욕국제마라톤대회에서의 필자

14

마라톤 문화
발전·창달(暢達) 위한 제언

　마라톤과 여행이 결합한 형태로 각종 마라톤대회를 기획하고 주최한 지 30여 년이 흘렀다. 이 시간 동안 나는 수많은 사람과 함께 호흡하며 마라톤의 힘과 가능성을 목격했다. 이제는 내가 이룬 경험과 통찰을 바탕으로, 마라톤 문화가 앞으로 나아가야 할 방향에 대해 이 책을 통해 간략하게 소견을 말해보고자 한다.

　마라톤은 단순한 스포츠를 넘어, 건강과 연결되고, 지역사회를 활성화하며, 문화를 교류하는 매개체로의 역할을 해야 한다. 마라톤대회는 단순히 달리기의 장을 제공하는 것을 넘어, 지역의 문화와 특색을 국내와 세계에 알리는 창구가 될 수 있다.

  내가 마라톤을 여행과 접목한 이유 중 하나는 바로 이 점에 있다. 한 지역의 특유한 풍경·역사·전통·음식을 마라톤 코스와 결합함으로써 참가자들에게 단순한 레이스 이상의 경험을 선사할 수 있었다. 그런 의미에서 앞으로 마라톤 문화는 각 지역의 고유한 정체성을 더 깊이 반영해야 한다. 예를 들어, 농촌 지역에서는 들판과 농작물을 배경으로 하는 친환경 마라톤을, 해안가 지역에서는 해변의 풍경과 지역 어업 문화를 경험할 수 있는 해양 마라톤을 기획할 수 있다. 이러한 융합은 참가자들이 단순히 달리기를 넘어, 그 지역을 몸으로 체험하고 이해할 수 있도록 돕는다. 이는 단순히 스포츠 이상의 가치, 즉 관광과 지역 경제 활성화에도 긍정적인 영향을 미친다. 아울러 오늘날 우리는 환경 문제를 외면할 수 없는 시대에 살고 있다. 마라톤대회 또한 지속 가능성을 중요한 가치로 삼아야 한다. 지난 30년 동안 대회를 기획하며 나는 대규모 이벤트가 지역 환경에 미칠 수 있는 영향을 직접 목격했다. 참가자 수가 많아질수록 플라스틱 컵, 페트병, 쓰레기 등의 다량 배출 문제가 눈에 띄게 증가했다. 앞으로 마라톤대회는 친환경적인 방식으로 운영되어야 한다.

  무엇보다도 일회용 플라스틱 사용을 가능한 줄이고, 재사용할 수 있는 물병과 컵을 제공하며, 대회 코스 주변의 쓰레기를 줄이는 캠페인을 병행할 수 있다. 또한, 대회를 통해 참가자들에게 환경 보호의 중요성을 교육하는 기회를 제공하는 것도 중요하다.

  '탄소 중립 마라톤'이라는 개념도 더욱 강력히 제안하고 싶다. 이미 시행하고 있는 마라톤대회에서도 많이 목격했다. 대회 준비 과정에서 발생하는 탄소 배출을 줄이고, 나무 심기와 같은 보완 작업을 통해 탄소 중립을 실현할 수 있다. 이러한 접근은 단순히 참가자들의 환경 의식을 높이는 데 그치지 않고, 대회를 보다 책임감 있는 행사로 만들어 줄 것이다.

그리고 마라톤은 국경을 초월하는 스포츠이다. 다양한 국적의 사람들이 같은 목표를 향해 함께 달리는 과정에서 형성되는 연대감은 놀라울 정도로 강렬하다. 이런 힘을 더 적극적으로 활용하기 위해, 앞으로의 마라톤 문화는 글로벌 연결성을 더욱 강화할 필요가 있다.

예컨대 국제적인 마라톤대회는 각국의 참가자들이 서로의 문화를 공유하고 교류할 수 있는 프로그램을 마련해야 한다. 지역 축제나 워크숍, 전통 공연과 같은 부대 행사를 통해 참가자들이 단순히 달리는 것 이상의 경험을 할 수 있도록 기획해야 한다. 또한, 대회의 주요 목적 중 하나를 국제적 연대와 평화 증진으로 설정할 수도 있다.

디지털 기술을 활용하는 것도 중요하다. 예를 들어, 가상 마라톤을 통해 세계 각지의 사람들이 같은 날, 같은 목표를 향해 달릴 수 있도록 하는 것은 새로운 연결 방식을 제공한다. 이런 형태의 대회는 물리적인 거리의 제약을 뛰어넘어 마라톤의 글로벌 커뮤니티를 확장할 수 있을 것이다.

한편으로 마라톤은 단순히 경쟁을 위한 스포츠가 아니라, 건강과 웰빙을 증진하는 데 중요한 역할을 할 수 있다.

대회 참가자들은 꾸준한 훈련을 통해 체력을 단련하고, 자신의 한계를 극복하는 과정을 경험한다. 이는 신체적 건강뿐만 아니라 정신적 건강에도 긍정적인 영향을 미친다.

앞으로 마라톤대회는 건강 증진을 핵심 목표로 삼아야 한다.

예를 들어, 대회와 함께 건강 검진, 식습관 개선 워크숍, 스트레스 관리 세미나 등을 진행할 수 있다. 또한, 고령자나 어린이를 위한 맞춤형 코스를 기획하여 모든 연령층이 참여할 수 있도록 하면, 마라톤이 진정으로 모두를 위한 스포츠로 자리 잡을 수 있을 것이다.

마라톤은 누구나 참여할 수 있는 열린 스포츠이다. 하지만 여전히 일부 사람들에게는 진입 장벽이 존재한다. 예를 들어, 장애인 선수들이나 사회적 약자들이 대회에 참가하는 데 어려움을 겪는 경우가 많다. 따라서 앞으로의 마라톤 문화는 포용성과 다양성을 더욱 강화해야 한다.

장애인 전용 코스를 마련하거나, 비장애인과 장애인이 함께 달릴 수 있는 통합 대회를 기획할 수 있다. 또한, 경제적으로 어려운 사람들에게는 참가비를 낮추거나 무료로 제공하여 더 많은 사람이 마라톤의 혜택을 누릴 수 있도록 해야 한다.

이러한 접근은 마라톤이 단순히 엘리트 스포츠가 아니라, 모두를 위한 축제가 되게 할 것이다.

마라톤은 사회에 긍정적인 영향을 미칠 수 있는 강력한 도구이다. 나는 대회를 통해 지역사회를 지원하고, 다양한 사회적 메시지를 전달할 수 있다는 것을 배웠다. 앞으로 마라톤대회는 이러한 사회적 역할을 더욱 강화해야 한다.

▲ 뉴욕국제마라톤대회의 볼거리와 흥미를 북돋워 주는 마라톤 레이스 도로변의 열광적인 뉴욕 시민들

예를 들어, 대회를 통해 자선기금을 모금하거나, 지역의 사회적 문제를 조명하는 캠페인을 진행할 수 있다. '난민 지원 마라톤', '환경 보호 마라톤', '아동 교육 후원 마라톤' 등과 같은 테마 대회를 기획하면, 참가자들이 단순히 달리는 것 이상의 의미를 느낄 수 있다. 이러한 노력은 마라톤이 단순한 스포츠가 아닌, 사회 변화를 이끄는 도구로 자리 잡게 할 것이다.

결론적으로 마라톤 문화는 단순히 스포츠와 경쟁을 넘어, 지역 문화, 지속 가능성, 글로벌 연결성, 건강 증진, 포용성, 그리고 사회 공헌이라는 다각적인 방향으로 확장되어야 한다.

30여 년간 마라톤과 여행을 결합한 대회를 주최하며 얻은 경험은, 이러한 비전을 실현하는 가능성을 내게 보여주었다.

이제는 더 많은 사람이 마라톤의 진정한 가치를 이해하고, 이를 통해 더 나은 세상을 만드는 데 이바지하길 바란다. 앞으로의 마라톤 문화는 모두가 함께 달리며 더 나은 내일을 꿈꾸는 장이 되어야 한다.

맺는말

마라톤, 길 위에서 배우고 성장하는 과정

　내 인생은 마라톤대회와 희로애락을 함께하며 달려왔다. 30년이라는 시간이 눈 깜짝할 사이에 지나갔다. 매년 새로운 대회를 기획하고, 더 많은 사람에게 도전의 기회를 제공하며 나의 삶 역시 끊임없이 진화해 왔다. 처음에는 소박했던 대회가 이제는 국내외에서 주목받는 행사가 되었고, 수많은 사람들의 인생 여정에 작은 이정표를 세우게 되었다. 소수의 지역 주민만 참여하던 작은 대회가 이제는 국제적인 관심을 받는 행사로 성장했다.

　더 많은 사람이 마라톤을 통해 자신을 도전하고 새로운 가능성을 발견하며 서로를 응원하는 문화를 만들어 가는 모습을 볼 때마다 이 길을 선택한 것이 얼마나 값진 일이었는지를 다시금 느낀다.

수많은 마라톤대회를 기획하고 진행하며 나는 단순히 일한 것이 아니라, 사람들의 삶으로 들어가 그들과 함께 호흡한 것이다. 따라서 마라톤은 내게 단순한 스포츠 이상의 의미가 있다. 그것은 사람들의 삶을 변화시키고, 희망을 불어넣으며, 함께하는 공동체를 형성하는 강력한 도구다.

기쁨과 고통, 성공과 실패, 도전과 극복의 순간들. 그 모든 순간이 모여 '나'라는 사람을 만들었다. 그리고 그 중심에는 늘 마라톤이 있었다. 마라톤을 통해 나는 나 자신을 발견했고, 세상과 연결되었으며, 더 나아가 사람들에게 의미 있는 가치를 전달할 수 있었다. 그 과정에서 나는 인생은 단거리 경주가 아니라 긴 여정이라는 것을 배웠다. 또한, 빠르게 달리기보다는 자신의 속도에 맞게 꾸준히 나아가는 것이 중요하며, 무엇보다 혼자가 아니라 함께 달리는 것이 주는 힘을 깨달았다.

27년이라는 기간 동안 마라톤대회와 함께 살아온 나에 대한 지인들의 인물평은 대부분 "어리숙해 보이지만 사실은 진국이다.", "이 진국을 통해서 지금까지 우리 대한민국의 마라톤 역사를 이렇게 휘감고 발전시켜 왔다.", "그 특유의 친화력과 넓은 인맥을 통해 마라톤 대중화에 크게 기여했다.", "그간 우리나라 마라톤의 역사에서 씨앗을 뿌리고 발화시켜 마라톤 문화 창달에 큰 영향을 미쳤다." 등등이다.

또한 "1년에 풀코스 마라톤대회만 162개나 개최하는 마라톤 여행 역사의 산파요 선구자"로 평가받고 있다.

과분하고도 참 고마운 말씀이다. 하지만, 이 여정은 나 혼자만의 노력으로 이루어진 것이 아니다. 함께 달린 동료들, 열정적으로 대회를 준비한 스태프들, 그리고 참가자들 한 사람 한 사람이 만들어낸 결과였다. 마라톤은 단순히 달리는 행사가 아니라, 사람과 사람을 연결하고, 지역 사회를 하나로 묶는 다리였다.

이제 이 이야기를 마치며 마지막으로 나의 마라톤 인생에 그동안 물심양면 도와주신 분들께 진심 어린 감사함을 전한다. 나도 이제는 조금이나마 베푸는 삶을 살고 있다. 베푸는 삶의 확산은 서로를 윈윈하게 만든다. 이제 내 인생의 모토는 그저 있는 모습 그대로 내 주위 사람들에게 베푸는 삶이다.

이제 나는 후배들에게 바통을 넘기고자 한다. 마라톤대회 기획은 단순히 코스를 만들고 참가자를 모집하는 것을 넘어선다. 그것은 사람들의 꿈을 설계하고, 그들이 새로운 목표를 향해 도전할 수 있도록 돕는 일이다. 때로는 힘들고 포기하고 싶을 때도 있겠지만, 그 과정에서 배우는 것들은 앞으로의 인생을 살아가는 데 있어 가장 값진 자산이 될 것이다. 그리고 무엇보다, 그 과정에서 만나는 사람들과 함께 만들어가는 이야기는 무엇과도 바꿀 수 없는 소중한 기억으로 남을 것이다.

나의 이야기가 누군가에게 도전의 씨앗이 되었으면 한다.

내가 시작한 일이 다른 사람들에게 영감이 되고, 또 새로운 세대가 그 길을 이어간다면 더할 나위 없이 기쁠 것이다.

나는 이제 완주를 앞둔 마라토너처럼 내 걸음을 늦추고, 다음 주자를 위한 길을 바라보고 있다. 후배들이 이 길을 달려가며 더 큰 꿈을 꾸고, 더 넓은 세상을 향해 나아가기를 진심으로 응원한다. 인생이라는 마라톤에서 중요한 것은 결승선을 넘는 순간이 아니라, 그 길 위에서 배우고 성장하는 과정이라는 것을 항상 기억하길 바란다.

끝으로 나의 이 졸저를 마무리하기에 앞서서 지난 너의 마라톤 인생 30여 년 그 긴 세월 동안 나와 함께 뛰며 나의 삶과 비즈니스에 있어서 든든한 버팀목이 되어 주신 잊지 못할 단골 마라토너들의 그 찬란한 이름을 되새기고자 한다.

내 기억이 완벽할 수 없으나 남아 있는 기록을 토대로 우리나라 아마추어 마라톤 분야의 살아 있는 전설을 떠올리자면 우선 2016년 2월 27일에 풀코스 완주 400회를 돌파한 정진원 님이 떠오른다.

그리고 공원사랑마라톤대회를 무척이나 사랑해 일주일이 멀다고 적극 참여해 풀코스 완주 수백 회를 기록했으나 이미 고인이 된 수원마라톤클럽의 박종우 님(2018년 3월 25일에 풀코스 300회 완주) 2019년 1월 13일에 이부스키마라톤대회에서 풀코스 완주 600회를 달성해 기염을 토해낸 채규엽 님을 잊을 수 없다.

아울러 2018년 8월 15일 광복절에 풀코스 완주 900회를 돌파하고 그 후 2020년 7월 11일에 1,000회 완주라는 대기록을 세운 김용석 님, 고대 역도 선수 출신으로 2004년 이후 마라톤에 뛰어들어 비교적 단기간이라 할 수 있는 2018년 10월 6일에 풀코스 완주 1,000회라는 대기록을 세운 김용구 님의 뜨거운 성원도 잊을 수 없다.

이분들뿐만 아니라 2018년 10월 13일에 풀코스 완주 500회를 돌파한 수원마라톤클럽의 어철선 님, 2018년 10월 13일에 코스 완주 400회를 돌파하고 그 후 그 여세를 몰아서 마의 벽 500회도 거뜬하게 돌파한 100회마라톤클럽의 이홍근 님, 같은 날 풀코스 완주 300회를 돌파하고 그 후 완주 400회 마저 거뜬하게 뛰어넘은 이태현 님 그리고 같은 날 300회를 돌파하고 그 후 400회마저 뛰어넘은 인천고마라톤클럽의 김기옥 님의 뜨거운 성원에도 감사드린다.

아울러 2019년 4월 15일에 풀코스 700회를 완주하고 그 후 1,000회 돌파라는 신기록을 세운 박종권 님, 그해 4월 21일에 풀코스 완주 500회 기록을 세운 윤상현 님, 2019년 4월 21일에 풀코스 완주 1,200회라는 아마추어 마라토너로서는 대기록을 세운 원완식 님의 그 불타는 투지를 잊을 수 없다.

이분들뿐만 아니라 2019년 5월 18일에 풀코스 완주 400회의 과업을 이룬 칠마회 이우찬 회장님, 같은 해 11월 17일에 풀코스 완주 600회를 완주하고 그 후 880회도 돌파한 김동호 박사님, 같은 해 12월 25일 크리스마스에 맞춰 풀코스 완주 500회의 기록을 세운 백현태 님의 파이팅도 눈에 선하다.

2020년 1월 1일 새해 벽두에 풀코스 완주 600회의 대기록을 세우고 그 후 800회 기록마저 돌파해 낸 황의계 님, 같은 날 풀코스 완주 700회라는 대기록을 경신한 이경두 박사님, 그해 2월 23일에 풀코스 완주 500

회의 기록을 세운 안중탁 님, 그해 2월 29일에 풀코스 완주 500회 기록을 달성한 최남수 님, 같은 날 완주 1,000회의 대기록을 이룬 황근규 님, 같은 해 7월 11일에 풀코스 완주 1,000회 대기록을 세운 김용석 님, 같은 날 풀코스 완주 800회를 돌파한 고려대 의대 정형외과장 서승우 박사 님, 11월 22일에 풀코스 완주 700회 대기록을 이루고 그 후 800회 대기록도 이룬 칠마회 이윤동 총무님, 같은 해 11월 29일에 풀코스 완주 400회를 돌파하고 그 후 500회 장벽도 넘어선 깅병준 님, 같은 해 12월 25일 크리스마스에 풀코스 완주 600회를 달성하고 그후에도 계속 기록을 경신하고 있는 어철선 님, 그리고 다음 해인 2021년 3월 20일에 풀코스 700회 완주의 대기록을 이룬 칠마회 장재연 회장님의 헌신과 노고를 빼놓을 수 없다.

이 밖에도 한옥두 님(풀코스 1,300회 돌파, 84세 노익장으로 세계 6대 국제마라톤대뢰 출전), 함찬일 님(서브3만 300회), 김정의 님(풀코스 300회 이상), 안희규 님(풀코스 600회 이상), 최성학 님(풀코스 1,041회), 호학서 님(풀코스 400회 이상), 이학준님(풀코스 300회 이상), 서상덕 님(풀코스 600회 이상), 안희규 님(풀코스 600회 이상), 양성익 박사님(풀코스 500회 이상), 남정조 님(세계 6대 국제마라톤대회 출전), 임채호 님(70대로 풀코스 완주 2,000회 돌파), 황중창 님(풀코스 1,500회 돌파)의 대기록과 노고를 이 지면에서 기리고자 한다.

끝으로 이 지면에 미처 지면에 담지 못하나 앞서 거론된 분들 못지않은 투지와 기록으로 대한민국 아마추어 마라톤 역사의 한 페이지를 장식했다고 해도 과언이 아닌 천안에서 노후를 보내시는 박광수 원장님, 안동의 이경순 교장 선생님, 50대에 마라톤을 시작해 부인과 함께 즐기는 이용근 님, 강원 출원에서 토마토농장을 운영하시는 황익현 님, 96세에도 아랑곳하지 않고 마라톤을 즐기는 김종주 회계사님, 그리고 금감원 부원장을 지내시고 나서 부인과 함께 마라톤을 참으로 사랑한 양만석 가수님, 평소 짬만 나면 마라톤을 즐기며 국제마라톤대회에 나와 동행하는 것을 마다하지 않는 이랜드그룹 정희순 님 등등 내 기억과 마음의 한계로 인해 이 지면에서 빠진 수많은 분의 성원과 격려에 감사드리며 졸저 대단원의 막을 내리고자 한다.

▲ 대한민국 아마추어 마라톤 역사의 한 페이지를 기록한 마라토너들

제4장

축사·격려사

이규운·마라톤, 아름다운 사랑의 판타지

강건식 사단법인 대한문화역사탐구연합회 회장

　이규운과 마라톤의 아름다운 사랑의 판타지를 기억합니다. 넉넉한 마음과 양보하며 소통하기로 소문난 이규운이라는 한 사내를 상기하니 멈춰졌던 기억을 깨우며 노란 은행잎 수북이 쌓인 낙엽 위를 묵묵히 걸어가던 노신사가 생각나 무거웠던 내 가슴이 현란하게 요동침을 느낀답니다. 사랑한다고 말을 해야만 사랑하는 것이 아닙니다. 그 작은 사내 이규운은 아마도 세계에서도 찾아보기 힘든 유일한 마라톤과 결혼한 사내입니다.

　이규운 마라톤TV 회장의 [제주에서 평양까지 마라톤 인생]의 출간을 진심으로 축하드립니다.

　이규운 회장은 삼천리 금수강산 어느 한 곳도 차별 없이 건강하게 지켜온 장본인으로 마라톤 업계의 소중한 자산입니다. 단순한 스포츠 행사를 뛰어넘어 전 국민이 함께 땀 흘리며 체력증진은 물론 정신건강에도 일조해온 온 국민의 끈기와 어울림의 조화를 심어 준 분입니다.

지금 이 땅에서 결혼이라는 것은 한 사람의 지아비가 되고 한 사람의 지어미가 되는 그러한 단순한 일이 아닙니다. 지금 이 땅에서의 결혼이라는 것은 두 가슴에 불을 붙이는 일입니다. 장신의 저 신랑의 숨결이 자꾸 거칠어지고 예쁜 저 신부의 얼굴이 홍옥처럼 붉어지는 것은 서로 불이 붙기 시작했다는 뜻입니다.

우리 이규운 회장은 이처럼 마라톤이라는 신부를 아내로 맞이한 분입니다. 주변에서 이규운 회장을 마라톤 업계의 신랑이라 부릅니다. 전국 방방곡곡 휘날리는 '이규운' 표 마라톤에서 세계로 전진하는 마라톤의 신랑이 되리라 믿어 의심치 않으며 [제주에서 평양까지 마라톤 인생] 출간의 대박을 기원합니다. 그동안 비가 오나 눈보라가 치나 불철주야(不撤晝夜) 마라톤의 현장에서 애쓰고 고생한 그 노고를 높이 사며 앞으로 계속 건승하길 빕니다.

162개의 결실, 한 사람의 도전

김경해 ㈜커뮤케이션즈코리아 회장

　업무적으로 오랫동안 친하게 관계를 맺어온 저자 이규운 회장은 국내 마라톤대회 대중화의 일등 공신이다. 일 년에 풀 코스 마라톤대회만 162개 대회를 개최해 전 세계에서 가장 많은 마라톤대회를 개최해 해당 분야 기네스북에 등재되기도 하였다. 그러다 보니 마라톤 관련 분야 종사자들이나 마라톤 동호인 중에 '이규운'이라는 이름을 모르는 사람이 없을 정도다. 뛰어난 추진력과 인화력으로 마라톤 분야에 새로운 장을 연 이 회장의 이번 저서에서 불모지를 개척한 그의 성공 비결과 살아 온 과정을 잘 보여 주고 있다. 그의 도전 정신과 탁월한 친화력을 진하게 체험할 수 있다. 저자의 큰 건승을 기원하며 일독을 전한다.

마라톤 위해 태어난 것 같은 삶 초지일관

김균식 (사)대한생활체육회 총재

먼저 모든 분의 건강을 기원하며 마라톤 인생을 살아온 대한생활체육회 마라톤협회 이규운 회장님의 자서전 발행을 진심으로 축하드립니다.

(사)대한생활체육회 총재로 본회에 이처럼 열정적인 종목별 회장님이 활약하신 데 대해 깊은 감사의 뜻과 더불어 평소 마라톤대회에 참가하신 모든 분과 함께 대한민국 마라톤의 이정표가 되기를 희망합니다.

이 세상에 많은 사람이 각자 다른 인생을 살고 있으나 이규운 회장님은 마치 마라톤을 위해 태어나신 분과 같은 삶을 살아오셨습니다. 1년에 풀코스 마라톤대회만 162개 대회를 개최해 전 세계에서 가장 많은 마라톤대회를 연 해당 분야 기네스북에 등재되기도 했습니다.

이제 대한민국 마라톤에서 '이규운'은 마라톤 대명사와 같은 단어가 되었습니다. 한 때 펜데믹으로 마라톤대회가 중단되기도 했지만 매주 3회 영등포구 도림천변 일대 42.195km를 달리는 공원사랑마라톤대회는 유일무이하게 그 명맥을 이어온 바 있습니다. 이 같은 활약에 정치·문화·

예술 등 타 분야의 인사들도 함께 달리며 건강지킴이의 상징이 되었습니다. 국민의 당 안철수 대표와 그의 부인 김미경 교수가 지지자들과 함께 공원사랑마라톤대회에 참여해 21.0975km 하프코스를 거뜬하게 완주하기도 했으며 신성범 시인도 늘 한결같은 마음으로 반갑게 맞아주는 마라톤대회에 대해 시로 칭송을 아끼지 않았습니다. 아울러 공원사랑마라톤대회는 남자의 자격, 동상이몽 생로병사 사랑의 가족 등 TV의 유명 프로그램에 소개되기도 했습니다. 이러한 영향력은 매 주마다 제주와 경북 안동은 물론 전국 방방곡곡에서 달림이 들이 만사 제치고 참가해 서울을 중심으로 전국적인 선풍을 일으키고 있습니다. 뿐만 아니라 20여 년 전부터 한국 마라톤 기획사을 설립해 전국 지자체와 공동으로 연간 수십 회에 이르는 다양한 마라톤대회를 기획·주관하는 등 그의 삶은 오로지 마라톤으로 시작해 현재까지 마라톤처럼 끊임없이 달려왔다 해도 과언이 아닐 것입니다. 이러한 성과를 이룩해온 이규운 회장의 자서전은 그 어떤 분야의 전문 CEO들이 발행해온 기록보다 훌륭한 한국인의 대표적인 성공사례라 할 것입니다. 제목처럼 제주에서 평양까지 마라톤 인생을 살아온 이규운 회장의 자서전 발행을 거듭 축하드리며 7,900만 한민족의 저력을 모두 모아 풀코스를 완주하는 마라토너들의 희망과 상징이 되기를 기원합니다. 감사합니다.

식지 않는 열정, 멈추지 않는 발걸음

김용숙 전국지역신문협회 회장

[제주에서 평양까지 마라톤 인생]은 한국마라톤TV 대표이사 겸 대한생활체육회 마라톤협회 이규운 회장의 마라톤에 대한 열정이 고스란히 전해져 오는 책이다.

이규운 회장은 국내 마라톤대회 대중화의 일등 공신으로, 지난 20여 년 전 한국마라톤기획사를 설립해 전국 지자체와 공동으로 국제관광서울마라톤대회, 금강산통일마라톤대회, 독도지키기울릉도마라톤대회, 평양통일마라톤대회, 경포바다마라톤대회, 여수엑스포국제마라톤대회 등 수백 차례의 대회를 기획·주관해 오면서 대한민국 마라톤 발전에 크게 공헌했다. 또한, 10년 넘게 영등포구 도림천 변 일대 42.195km를 달리는 공원사랑마라톤대회를 수백 회 이상 끈덕지게 개최해왔다.

국내·외의 모든 공식적인 마라톤 행사는 거의 자취를 감췄던 코로나19 기간에도 매주 3회(수·토·일) 공원사랑마라톤대회를 지켜내며 많은 마라톤 동호회 회원들이 마라톤에 대한 열정을 잃어버리지 않고 계속 달릴 수 있도록 힘써왔다.

그의 식지 않는 열정과 도전 정신에 찬사를 보낸다.

역사(役事)의 역사(歷史)를 달려온 이름

박광호 세종대학교 총무처장

시간의 흐름이 공간의 자리 속에서 이루어지는 것을, 우리는 역사라고 푼다. 역사는 흐르고, 흐름 속 역사를 더욱 역동적으로 창조하며 아름답게 수놓는 인물, 원곡(遠谷) 이규운.

원곡과 처음 만나 일하던 1980년대에 나는 40대였고 원곡은 20대 청년이었다. 그가 자서전을 내기에 이르렀다니 감개가 무량하다.

사람은 한눈에 알아본다고 했다. 그는 무언가, 왠지 다른 사람이었다. 단순히 말하면 부산하고, 행동을 보면 거리낌이 없으며 역동적이고 창조적이었다. 서로 부서가 바뀌고 직장 엇갈리면서, 간헐적으로 소식 주고받으며 이어 온 시절 인연. 끊이지 않고 오늘을 맞았다.

한동안 적조하다가 근황 받으면 껑충 뛰었다는 사실에 깜짝 놀라곤 했다. 때마다 발전하는 모습, 창조의 흔적을 나타내곤 했다. 예기치 못한 현실에 경탄의 기쁨을 안게 된다. 누구도 흉내 낼 수 없는 역사(役事)의 역사(歷史)였다.

그의 근황을 꺼내본다. 일찍이 한국 마라톤 기획사를 설립, 20여 년 전부터 전국 지자체와 공동으로 다양한 마라톤대회 행사를 주관하여 왔다. 공원 사랑 마라톤대회, 한꺼번에 출발하지 않고 새벽부터 뛰고 싶은 시간에 개별적으로 달리는 대회 등, 국내외 마라톤 생활화에 미증유의 기획·창조의 힘을 쏟는다. 17년째 계속하고 있는 독도 지키기 울릉마라톤대회를 비롯해 이 회장이 그동안 개최한 국내 유명 마라톤대회가 수백 개에 이른다는 보도를 접했다. 이는 타고난 친화력과 남다른 마당발 인맥에 힘입은 바로, 오늘 한국 마라톤대회 중흥 발전에 크게 공헌하게 되었다. 한국마라톤TV 회장, 한국직장인체육회 마라톤협회 회장직에 이어 일간스포츠 한국 논설위원 등 열거할 수 없는 역할, 직함으로 활동하고 있는 이규운 회장은 오늘 화제의 인물이다.

한국 마라톤 역사를 새로 쓴, 원곡 이규운 회장. 역동의 책이 큰 호응 얻기를 앙망하며 출간을 축하한다.

마라톤 인생 버킷리스트 만들어 준 분

박종필 ㈜필포스트 회장

　전국섬사랑마라톤대회, 평양남포마라톤대회, 울릉도전국마라톤대회, 일본 이부스키마라톤대회, 제주마라톤대회 등등 전국을 돌면서 마라톤과 더불어 문화·음식·향토의 진수를 알게 해준 분이 바로 이규운 회장입니다. 그는 마라톤 인생의 버킷리스트를 만들어 주신 분으로 나에게 평생 잊지 못할 추억을 선사하셨습니다.

　건강증진과 개성 넘치는 마라톤 행사를 기획해 이를 중흥하도록 일익을 맡아 그 밑거름이 되어준 이규운 회장은 30년이라는 마라톤 행사 기획자이자 선구자로 그 녹록하지 않은 여정을 마다하지 않고 우직하게 그 외길을 달려온 진정한 마라토너입니다.

　그의 지난 마라톤 인생의 여정을 알차게 담은 [제주에서 평양까지, 마라톤 인생 30년] 역작의 출간을 진심으로 축하합니다.

마라톤과 삶을 완주하다

서승우 고려대학교 구로병원 정형외과 과장 교수

존경하는 이규운 회장님께,

오늘 우리는 이규운 회장님의 책, [제주에서 평양까지 마라톤 인생] 출판을 축하하며 특별한 순간을 함께하고 있습니다.

사장님께서는 지난 20여 년 동안 한국 마라톤 발전의 길을 개척하고, 그 열정과 헌신으로 우리 모두에게 깊은 감동을 주셨습니다. 국내 마라톤대회의 대중화를 위해 설립한 한국마라톤기획사에서 수백 차례의 대회를 성공적으로 이끌며, 대한민국 마라톤이 세계로 도약하는 발판을 마련하신 사장님의 노고는 참으로 값진 유산이라 할 수 있습니다.

특히 코로나19로 많은 공식적인 마라톤대회가 멈췄던 시기에도 매주 꾸준히 공원사랑마라톤대회를 개최하며 마라톤 동호인들에게 열정을 잃지 않도록 이끌어 주신 모습은 단순한 대회 기획자가 아니라, 진정한 스포츠인의 책임과 사랑을 보여주었습니다.

이번 책은 단순히 한 사람의 삶을 담은 이야기가 아니라, 열정과 도전 정신이 무엇을 이루어낼 수 있는지 보여주는 소중한 기록이라 생각합니다. 이 책이 많은 이들에게 새로운 용기와 영감을 주는 계기가 될 것을 믿어 의심치 않습니다.

마라톤이 단순한 스포츠를 넘어, 한 걸음 한 걸음 인생의 여정을 담아내는 행위임을 몸소 증명해 주신 사장님께 진심으로 감사드리며, 이번 출판을 통해 더 많은 사람이 그 열정을 공유하게 되기를 바랍니다. 다시 한번 책 출간을 진심으로 축하하며, 앞으로도 사장님의 도전과 헌신이 우리 사회에 긍정적인 영향력을 전하길 기원합니다.

감사합니다.

아마추어 마라톤의 길을 연 장본은

송제완 꼬꼬마라톤클럽 회장

　타는 듯한 태양의 목마름과 열기에도 불구하고 시원한 소나기와 같은 소식을 접하여 마냥 반갑고 즐거운 마음입니다. 우리 '57닭띠마라톤클럽'의 자랑이자 사랑하는 이규운 친구가 [제주에서 평양까지 마라톤 인생]이란 책을 발간하게 된 것을 진심으로 축하합니다. 우리가 잘 알고 있는 바와 같이 이규운 친구는 한국마라톤TV 대표이사 겸 대한생활체육회 마라톤협회 회장으로 있는, 한국 아마추어 마라톤계에 있어 매우 특별하고 탁월한 능력의 소유자입니다. 특히. 이규운 회장은 자신이 마라톤을 취미로 하는데 만족하지 아니하고 직접 마라톤대회를 주최함으로써 한국 아마추어 마라톤의 수준을 획기적으로 향상해 왔습니다. 또한. 이규운 회장은 1년에 풀코스 대회만 162개를 개최하여 기네스북에 등재되기도 했고. 코로 나 시국에도 공원사랑마라톤대회를 매주 3회씩 개최하기도 했습니다. 이러한 이 회장의 마라톤에 대한 무한한 애정과 열정은 수많은 마라톤 마니아들의 대회출전 욕구와 갈급함을 해소해 줌으로

써 커다란 찬사를 받고 있습니다.그동안 우리 아마추어 마라톤은 국민 저변의 참여도에 있어서나 대회 참가 인원에 있어서 족의 발전을 거듭해 왔습니다. 마라톤은 인간 한계에 도전한다는 자긍심과 완주 후 성취감이 주는 마력으로 인하여 사회체육 분야에서 무 한한 성장 가능성을 제시하고 있습니다. 이러한 가능성의 시대에 이규운 친구가 자신만의 마라톤 인생을 엮은 [제주에서 평양까지 마라톤 인생]이란 책을 출간하게 된 것은 우리의 자랑이자 대한생활체육회를 비롯한 사회체육 분야 전체의 큰 기쁨이자 희망일 것입니다. 끝으로 이 회장이 개최하는 마라톤이 그가 바라는 대로 평양을 비롯한 북한 각지에서도 성대하게 개최되기를 바라며 이 회장의 마라톤 관련 사업과 가정에도 늘 행복과 사랑이 충만하시길 기원합니다.

영원한 '마라톤 맨'을 응원합니다

유범진 한국환경체육청소년연맹 이사장

우선 이규운 회장의 자서전을 위하여 축사를 쓰게 된 것을 친구로서 영광으로 생각하며 축하합니다. 누구든지 자신의 평생을 뒤돌아본다는 것은 쉽지 않은 일입니다. 그렇듯이 마라톤에 일생을 걸고 힘든 여정을 달려온 이규운 회장에게도 쉽지 않은 일이었겠지만 그러나 그것은 가치 있고 체육인에게 귀감이 되는 일이라 봅니다. 이규운 회장과의 인연은 2013년 본 연맹에서 주최한 제1회 '사제동행걷기대회'가 시작이었습니다.

서울시 교육감을 비롯한 학생·교사·학부모 등 약 5천여 명이 참석한 이 행사는 광화문 일대를 예쁜 사랑으로 수놓았고 당시 우천임에도 불구하고 비를 맞으며 고군분투(孤軍奮鬪)했던 모습이 아직도 뇌리에 생생한데 살 같이 가버린 지난 10여 년 동안 행사를 함께하며 지켜본 이규운 회장의 열정과 성실함에 저절로 머리를 숙이게 됩니다.

지난날 엘리트 마라톤대회는 동아마라톤·조일마라톤 등 손에 꼽힐 정도의 시합이 있었으나 현재는 생활체육의 발전으로 연중 수백 개의 마라톤대회가 국내에서 열립니다. 이는 그동안 넓어진 마라톤 종목의 저변에 이규운 회장의 땀과 눈물로 표현되는 노력의 결과임을 잘 알며 그러기에 그 중심에는 '이규운'이라는 수식어가 항상 따라다님을 보게 됩니다.

현재 이규운 회장은 '대한직장인마라톤협회' 회장과 '마라톤TV' 대표를 맡고 있으며 20여 년 전부터는 '한국마라톤기획사'를 설립해 특유의 친화력과 폭넓은 인맥으로 전국 지방자치단체와 공동으로 연간 수십 회에 이르는 다양한 마라톤대회를 기획, 주관하며 생활체육으로서 마라톤 발전에 크게 공헌해오고 있습니다.

현재도 국내외 생활체육마라톤대회와 보스턴마라톤대회를 비롯하여 타이베이마라톤대회 집행부와의 업무협약을 통하여 우리 선수들의 해외 마라톤대회 참가를 10년 넘게 추진하고 있으며 오늘에 이르기까지 공원사랑마라톤대회 등 수백 회 이상 대회 개최를 진두지휘해 오므로 이규운 회장은 국내 마라톤대회 대중화의 산 역사이며 마라톤을 위하여 불을 밝히는, 대해(大海) 등대라고 해도 과언이 아닙니다.

그리고 매년 개최되는 타이베이국제마라톤대회에 국민 마라토너 이봉주 선수와 함께 빠짐없이 참가하고 있으며 여의도벚꽃마라톤대회는 타이완 관광청에서 지난 4년간 연속해 후원하므로 양국 간의 스포츠문화교류에도 우리 생활체육마라톤이 크게 이바지하고 있습니다.

우리는 이규운 회장의 마라톤 사랑에 경의를 표하며 그를 '영원한 마라톤 맨'으로 기억할 것입니다. 앞으로도 건강하시고 무궁한 발전을 기원합니다.

국경을 넘어 만난 고마운 마라톤 인연

이규대 뉴욕한인마라톤클럽 회장

저희 뉴욕한인마라톤클럽은 이민 생활의 고단함을 이겨내기 위해 함께 모여 달리며 즐거운 생활을 하는 클럽입니다. 몇 년 전 우연한 기회로 대기록을 가지신 이봉주 님과 함께 마라톤을 할 수 있다는 연락을 받고 저희 클럽 회원 모두는 흥분을 감출 수 없었습니다. 뉴욕에서는 꽤 규모가 있는 마라톤 클럽이긴 하나, 미국의 한인마라톤클럽이 한두 개가 아닌 이유로 저희에게 연락이 처음 되었을 때 의아했었습니다.

몇 번의 연락이 오가고 마침내 우리 클럽과 이봉주 님이 함께 달릴 기회를 지녔고, 클럽 멤버들 모두 큰 기쁨으로 마라톤대회에 임하게 되었습니다. 그런 큰 기회를 우리 마라톤 클럽이 가질 수 있도록 다리를 놓아 주신 분이 이규운 회장님이었습니다.

그해 처음 만났지만, 이규운 회장님은 긴 시간 갈고 닦으신 마라톤 실력뿐 아니라 대회를 주최하는 데 있어 정말 베테랑이시란 것을 많이 느낄 수 있었고 첫해 동안 많은 것을 배울 수 있었습니다. 그렇게 이봉주 님과 이규운 회장님 두 분과 그해 동기부여를 받은 결과, 저희 뉴욕마라톤클럽 회원들 모두 다 함께 뉴욕마라톤대회에 참가하여 클럽 멤버들의 크고 작은 목표에 닿을 수 있었고 너무 좋은 추억을 가질 수 있었습니다. 그해가 인연의 시작이 되어 작년 2023년도 대회까지 매년 이규운 회장님과 함께 뉴욕마라톤에 참가하고 있습니다.한 해도 거르지 않고 저희와 같이 뛰시며 마라톤에 대한 열정과 끈기를 선보이고, 한국에서는 마라톤의 발전을 위하여 수없이 노력하시는 것을 솔선수범해주시니 저희는 그저 만날 때마다 배우고 감동합니다. 아울러 저희 회원들이 한국을 갈 때마다 한국의 마라톤대회에 쉽게 접할 수 있도록 길잡이가 되어주시니 늘 감사한 마음입니다.

바쁘신 와중에도 매년 세계 각국의 크고 작은 마라톤대회에 참가하시고, 한국의 마라톤을 널리 알리고자 노력하는 모습이 정말 대단한 분이라는 것을 느낍니다. 그런 이규운 회장님이 마지막 뛰는 순간까지 저희 뉴욕마라톤클럽은 항상 응원하며 함께할 것입니다.

마라톤, 축제의 장으로 만든 장본인

이규선 서울특별시 영등포구의회 의원(영등포동, 당산2동)

안녕하십니까. 서울특별시 영등포구의회 운영위원장 이규선입니다.

바야흐로 러닝이 대유행입니다. 최근 공원이나 도로 한편에서 무리 지어 달리고 또 달리는 '러닝 크루'를 목격하는 일은 이제 낯선 일이 아닙니다. 특히 우리 영등포구는 서울에서 유일하게 산이 없고 평지로만 되어 있어 러닝에 최적이며, 여의도 한강공원과 여의나루 러너스테이션은 '러너들의 성지'로 불리고 있습니다.

그래서일까요? 영등포에는 러닝의 끝판이라고 할 수 있는 마라톤에 관한 한 끝판왕께서 자리 잡고 계십니다. 바로 한국마라톤TV 대표이사 겸 대한생활체육회 마라톤협회 이규운 회장입니다.

이규운 회장은 마라톤에 미친 남자라고 불릴 정도로 마라톤에 대한 열정으로 가득 찬 인생을 살아오셨습니다. 특히 1년에 풀코스 마라톤대회만 162개를 개최해 기네스북에 등재되기도 했고, 코로나19로 인해 마라톤 행사가 자취를 감췄을 때도 매주 공원사랑마라톤대회를 개최해 그 명맥을 이어가기도 했습니다.

  그리고 2006년 평양에서 남포까지 달리는 평화통일 마라톤대회를 개최해 남북의 선수들이 어우러져 함께 통일의 꿈을 키우는 장을 마련하기도 했습니다.이규운 회장은 마라톤이 단지 오래달리기만 하는 것이 아니라 넓은 우리네 삶 곳곳을 지나며 시민들과 소통하는 축제의 장이라고 이야기합니다. 이 책은 마라톤에 대한 마라톤 끝판왕의 그러한 신념을 오롯이 담아내고 있습니다.

  이 책의 제목처럼, 분단된 한반도 남북의 러너들과 시민들이 제주를 시작으로 평양까지 이어지는 역전 경주대회를 축제처럼 즐길 날을 고대하면서, 이규운 회장의 마라톤에 대한 계속되는 열정과 도전을 응원합니다.

정직과 열정으로 완주한 마라톤 인생

이병석 열린사회자원봉사연합 상임대표·시인 경영학박사

　같은 세대를 살아온 이규운 회장께서 어느 날, 보잘것없는 저에게 제주에서 평양까지 마라톤 인생 축사를 써달라고 원고를 청탁하셨습니다. 제가 주저 없이 기꺼이 승낙한 이유는, 회장님이 마라톤 없이는 살 수 없는 분처럼 보였기 때문입니다. 이규운 회장님께 마라톤은 곧 인생의 삶과 똑같은 것이었습니다.

　이번에 인생의 마지막 정리 삼아 펴낸 자서전 속에는 마라톤이라는 세 글자 속 정직, 봉사, 희생을 아끼지 않고, 언제나 한결같이 젊음의 정열을 가지며, 세계 방방곡곡을 마라톤으로 누비는 그의 모습이 잘 드러납니다.

　특히 남·북이 분단된 상태에서 '제주에서 평양까지 마라톤 인생'으로 교류한다는 것이 쉽지 않은데도, 그들을 하나로 만들어 마라톤을 주최하고 참가하는 모습은 아름드리 큰 고목처럼 제자리를 지키고 있는 그의 풍채를 느끼게 합니다.

이규운 회장님의 넘치는 열정을 응원하며, 남북통일이 되는 그날까지 국민건강을 위한 생활 마라톤을 눌러 담은 인생 자서전 출간을 진심으로 축하합니다.

마라톤 넘어 인생으로: 그 아름다운 여정

이병철 신한신용정보 대표

　이규운 회장님의 저서 [제주에서 평양까지 마라톤 인생]은 단순히 마라톤에 관한 책이 아니라, 삶의 여정을 통한 자기 발견과 성취를 담은 저서임을 알 수 있었습니다. 저는 이 책을 통해, 마라톤이란 운동이 단순히 스포츠를 넘어서 인생의 중요한 교훈을 찾을 수 있는 과정임을 깨닫게 되었습니다.

　책을 읽으며 가장 인상 깊었던 부분은 평양 마라톤 참가 이야기였습니다. 평양 마라톤 참가는 단순한 스포츠를 넘어선, 남북한의 평화를 기원하는 의미 깊은 도전이었고 달리기를 통해 정치적, 역사적 장벽을 넘어서는 경험을 공유하며, 스포츠가 가진 화합과 평화의 힘을 가지게 됨을 알 수 있었습니다. 저는 이 부분에서 스포츠가 단순한 신체 활동을 넘어서 사람과 이념 간의 연결고리가 될 수도 있음을 다시금 느꼈습니다. 이규운 회장님의 훈련과 준비 과정에서 제시된 조언도 매우 유익했습니다. 마라토너로서의 철저한 훈련 방법, 건강관리, 정신적 준비 과정을 통해 목표를 달성하기 위해 꾸준한 노력과 철저한 준비가 필수적임을 깨달을 수 있었고, 특히 마라톤 훈련을 통해 몸과 마음을 단련하며, 삶의 다른 도전에도 긍정적 영향을 미칠 수 있음을 알게 되었습니다.마지막으로 이 책을 통하여 얻은 가장 큰 교훈은 마라톤을 통한 인생의 철학입니다. 마라톤을 완주하는 데 필요한 인내와 끈기, 그리고 자신과 싸움에서 이겨내는 경험은 우리 삶의 여러 측면에서 중요한 교훈을 얻을 수 있었습니다.

이규운 회장님의 마라톤 여정은 우리에게 인내, 도전 정신, 그리고 성취감을 가르쳐주고 있으며 이를 통해 삶에서 겪는 다양한 어려움을 극복할 힘을 주는 것 같습니다. 마라톤은 단순한 달리기가 아니라, 인생 그 자체라는 것을 깨닫게 해준 이 책은 저에게 깊은 감동과 영감을 주었습니다. 마라톤 인생 이야기는 앞으로 제가 살아가는 데 있어 중요한 지침이 될 것입니다. 이 책을 덮으며, 저 역시 삶의 마라톤에서 절대 포기하지 않고 끝까지 완주하겠다고 다짐하게 되었습니다.

제주에서 평양까지 이어진 땀의 기록

이찬백 미래사회자원봉사연합 회장

『제주에서 평양까지 마라톤 인생』이라는 제하의 원곡 이규운 회장의 자서전 출간을 진심으로 축하합니다. 마라톤 애호가 가족 여러분들께도 안부 인사드립니다.

대한민국 마라톤 분야의 거목이자 개척자로서 수많은 업적을 이룩한 원곡 이규운 회장은 누가 뭐래도 배(梨)의 고장 안성(경기도)의 아들입니다. 이규운 회장은 평소 몸소 꾸준하게 마라톤 종목으로 5km, 21.09km(하프) 그리고 마라톤의 꽃이라 할 수 있는 풀코스(42.195km)를 앞장서서 완주하여 수많은 동호회 회원 수 증대에 크게 이바지했습니다.

그는 뉴욕국제마라톤대회, 도쿄국제마라톤대회, 런던국제마라톤대회는 물론 오사카와 타이완국제마라톤대회 등 세계적인 국제마라톤대회에도 앞장서 참석하며 우리나라의 더욱 많은 마라톤 애호가가 이런 세계 수준의 대회에 편리하게 참석하도록 독려해 왔습니다.

아울러 그는 지난 수십 년 동안 국내 마라톤대회 기획·진행에도 남다른 열정을 불태워 왔습니다. 독도 지키기 울릉도 마라톤대회, 백령도 마라톤대회 등 이루 헤아릴 수 없는 마라톤대회를 기획해 진행해 왔는데 어찌나 많은 성과를 거둬왔는지 주변으로부터 박수갈채를 받아왔습니다.

지난 세월 그는 제주에서 평양까지 전국 주요 도시와 지역은 물론 38선을 넘어서 북녘 평양에 이르기까지 마라톤으로 달음질하며 지역 발전과 남북 교류와 평화 증진에 있어서 일익을 담당하며 남다른 열정을 불태워 왔습니다. 그는 누가 뭐래도 무에서 유를 창조한 스포츠인으로 그의 불타는 열정으로 인해 우리나라 곳곳의 지역 사회가 지역 특유의 개성 넘치는 마라톤대회를 개최하며 지역 사회 발전의 견인차로서의 사명을 수행해 왔습니다. 아울러 마라톤 동호회 활성화의 촉매제로서 역할을 맡아 심신의 건강과 체력 증진에도 크게 헌신해 애국애족의 정신을 몸소 실천했습니다.

그가 오랫동안 갈고 닦은 마라톤대회 기획·실행 능력을 적극적으로 발휘해 우리나라 마라톤 문화 창달에 더 큰 업적을 남가시길 바라 마지않습니다.

감사합니다.

마라톤으로 잇는 희망, 하나 되는 대한민국

임오경 국회의원

여러분, 안녕하십니까? 국회의원 임오경입니다. 이규운 회장님의 [제주에서 평양까지 마라톤 인생]의 출간을 진심으로 축하합니다.

이규운 회장님은 대한민국 마라톤 업계의 진정한 개척자이자 '미다스의 손'으로 불리는 분입니다. 회장님께서 만들어온 수많은 마라톤대회는 단순한 스포츠 행사를 넘어, 전 국민이 함께 땀 흘리며 하나가 되는 축제의 장이었습니다. 특히 평양통일마라톤대회는 남과 북이 하나 되어 함께 달리는 감격의 순간을 만들어, 통일을 향한 희망을 상징하는 대회로 자리 잡았습니다.

[제주에서 평양까지 마라톤 인생]이라는 책 제목처럼, 이규운 회장님의 여정은 끝없는 도전과 열정의 연속이었습니다. 마라톤을 통해 이룩한 성과들은 단순히 개인의 기록을 넘어, 우리 사회에 건강한 생활 문화와 희망을 심어주었습니다. 이 자서전은 회장님의 헌신과 열정이 담긴 소중한 기록이자, 앞으로도 많은 이들에게 귀감이 될 것입니다.

끝으로, 이규운 회장님의 건강과 행복을 기원하며, 앞으로도 더욱더 많은 분이 마라톤을 통해 삶의 활력을 찾고, 건강한 사회를 만들어 나갈 수 있기를 바랍니다. 다시 한번, 자서전 출간을 축하하며, 모든 독자분에게 큰 감동과 영감을 줄 수 있기를 기대합니다. 감사합니다.

달림이들 꿈을 이끈 지도자의 회고록

장재연 칠순마라톤동우회 전 회장

한국마라톤TV 이규운 회장의 『제주에서 평양까지 마라톤 인생』책 발간을 진심으로 축하합니다.

책 머리글만 보아도 국민의 가슴이 설레며 마음은 이미 북녘땅을 뛰고 있습니다만 보이지 않는 장벽이 우리의 발걸음을 멈추게 하니 가슴이 찐한 것이 현실입니다.

이규운 회장은 풀뿌리 마라톤에 선견지명이 있어 2001년 공원 사랑 마라톤을 창설하시고, 2001년 공원 사랑 마라톤을 창설하시며 2002년 제주(탐라)에서 최초 발 도장을 찍고 2003년 저 북녘땅 평양 마라톤에 입성하여 그곳에 발자국을 남겨 놓으셨으니, 누구보다도 감회가 깊으시리라 믿습니다.

그러나 과정은 고난의 연속 어려운 여건 속에서도 넘어질 듯 쓰러질 듯 고난의 순간을 슬기롭게 넘기시고 오뚜기처럼 지금 이 자리에 우뚝 서서 풀뿌리 마라톤의 디딤돌이 되어 주신 것을 높이 평가합니다.

공원 사랑 마라톤으로 마니아들의 꿈을 이루었고 풀코스 500회, 600회, 700회 이상 1,000회를 뛰신 분도 몇 분 계십니다. 시니어 마라토너 장재연도 85세인 2022년11월26일 풀코스 42.195km를 777회 완주를 끝내고 87세인 현재도 하프마라톤을 뛰고 있습니다.

　달림이 들의 횃불을 만들어 주신 이규운 회장님! 아마추어 마라톤과 마라톤 문화의 길잡이가 되어 주신 공원 사랑 마라톤에 감사하며 무궁한 발전이 있으시길 기원하며 다시 한번 멋진 책 출판을 축하합니다.

식지 않는 열정과 도전 정신의 삶

장태완 울릉로타리클럽 2024~25 회장

　식지 않는 열정과 도전 정신으로 마라톤 발전에 크게 공헌하고 계시는 한국마라톤TV 대표이사 겸 대한생활체육회 마라톤협회 이규운 회장의 자서전 출간을 진심으로 축하드립니다.

　올해 제20회에 이르는 독도지키기 울릉도전국마라톤대회를 비롯한 수많은 국내 마라톤대회를 기획·개최하시며 대한민국의 마라톤대회의 큰 축으로 자리를 지키시며 한평생 마라톤에 대한 열정으로 자리를 빛내주심에 존경을 표합니다.

　독도지키기 울릉도전국마라톤대회로 저희 울릉로타리클럽과 특별한 인연을 맺으시며 이러한 소중한 인연이 지속적이고 발전적인 관계가 될 수 있었으면 하는 바람입니다.

　'제주에서 평양까지 마라톤 인생'이라는 제목을 넘어서 세계로 뻗어나가는 열정과 노력으로 앞으로도 대한민국 마라톤 발전에 힘써주시기를 희망합니다. 감사합니다.

마라톤으로 기록한 시대, 마라톤으로 잇다

정희순 재)이랜드대단 이사

흔히 마라톤은 돈이 안 드는 가장 쉬운 운동이라고 알고 있는 것 같습니다. 하지만 실제로는 그리 간단하고 단순한 운동이 아닙니다. 무엇보다 달리기하는데 신는 운동화만 해도 기본이 10만 원이 훌쩍 넘습니다. 기록 단축이라도 할라치면 엄청 비싼 운동화에 투자해야 합니다. 그럼에도 주변에 마라톤에 흠뻑 빠진 사람들이 점점 늘어나는 추세입니다. 특히 MZ 세대들의 마라톤 사랑은 그 광풍이 가히 상상을 초월할 정도로 드세게 밀려오고 있습니다. 거기에 누구나 쉽게 접근할 수 있는 마라톤대회가 열리는 곳이 있습니다.주말이나 휴일 이른 아침 신도림역 근처의 도림천으로 나가면 변함없이 분주하게 움직이는 한 사람이 있습니다. 바로 한국마라톤TV 대표이사 이규운 회장입니다. 비가 오나 눈이 오나 변함없는 그의 일상입니다. 마라톤을 사랑하고 마라톤에 미쳐서 지금까지 살아온 인생의 대부분을 마라톤과 함께해 온 것 같습니다. 더군다나 마라톤대회가 열리는 전날에는 집이 아닌 사무실에서 쪽잠을 자고 이른 새벽부터 대회 준비를 혼자서 직접 해오고 있는 것입니다. 여름에는 그나마 일찍 여명이 떠오르지만, 겨울에는 거센 추위에다 캄캄한 어둠 속입니다.

그의 발자취는 단순히 마라톤대회로 그치지 않습니다. 제주에서부터 시작한 마라톤대회는 국경을 넘어 해외로까지 펼쳐 나가더니 급기야는 아무도 생각하지 못했던 평양에까지 그의 깃발을 꽂고야 말았습니다. 대한민국 최초로 마라톤대회를 평양에 입성시킨 것입니다. 게다가 매년 뉴욕마라톤대회에 참석하는 것은 물론, 일본과 대만, 그리고 중국 등 주변에 마라톤대회가 열리는 곳에서는 늘 그의 모습을 볼 수 있습니다. 그리고 국내의 유명 마라톤대회는 거의 다 그의 기획력에서 시작되어 발전되어 왔다고 해도 과언이 아닙니다. 도림천에서의 공원사랑마라톤대회는 기네스북에 오를 만큼 마라톤대회를 수도 없이 지속적으로 개최했고 달리기 좀 한다는 사람치고 그를 모르는 사람이 없을 정도입니다.

그의 타고난 친화력과 마당발 인맥을 주특기로 전국 지자체의 마라톤대회 발전에 크게 공헌했음은 두말할 나위도 없을 뿐만 아니라 수많은 마라톤대회 중에서도 가장 의미 있게 평가받는 독도 지키기 울릉도마라톤대회와 국제관광서울마라톤대회는 한해도 거르지 않고 꾸준히 개최되고 있으니, 이제는 그를 애국자의 반열에 올려놓아도 무색하지 않을 것 같습니다.

그의 탁월한 기획 능력은 코로나19의 광풍으로 전 세계의 마라톤대회가 중단되었을 때 유감없이 빛을 발휘하였습니다. 다 같이 모여서 신호와 함께 일제히 출발하는 마라톤대회 자체가 금지되었을 때 사회적 거리두기에 적합한 개별 출발이라는 기발한 아이디어로 기적의 공원사랑마라톤대회를 매주 수, 토, 일, 3회씩이나 한주도 빠지지 않고 개최했던 것입니다. 거기에 빨간 글씨 공휴일에도 어김없이 마라톤대회는 개최되었습니다. 코로나19의 혼란 속에서도 달리고 싶어 하는 마라토너들의 욕망을 채워주기에 충분했던 것입니다. 게다가 그의 곁에는 국민 마라토너 이봉주 선수는 물론이고 바르셀로나 올림픽 금메달리스트 황영조 선수에 이르기까지 내로라하는 국내외 마라토너들이 늘 가까이하면서 마라톤에 대한 그의 애정에 강력한 응원을 듬뿍 실어주고 있습니다.

그의 직함에서 보여주듯이 아시아 국제 마라톤연맹 상임이사 겸 한국회장, (사)대한생활체육회 마라톤협회 회장, 한국마라톤 TV의 대표이사, 열린사회자원봉사연합 서울지회 회장, KCA대한문화역사탐구연합회 보건 체육 본부장 등 굵직한 역할에도 늘 에너지 넘치는 역동적인 활동가로서 자신을 희생하며 마라톤 저변확대에 열정을 다하고 있습니다. 그의 남 중심적 사고의 인생 여정에 여기 작은 획을 긋는 아름다운 이야기가 펼쳐집니다. 이름하여 '제주에서 평양까지 마라톤 인생'입니다. 이규운 회장과 함께 달리는 동행 마라토너로서, 또한 친구로서 마라톤사랑과 함께 끊임없는 열정을 쏟고 있는 그에게 큰 박수와 함께 열렬한 응원을 보내며 한없이 자랑하고 싶습니다.

세계가 인정한 스포츠맨, 이규운 회장님

채현일 민주당 영등포구(갑) 국회의원

안녕하십니까, 더불어민주당 영등포구(갑) 국회의원 채현일입니다.

오늘 소중한 글을 소개합니다. 한국마라톤TV 대표이사·대한생활체육마라톤협회 이규운 회장님의 땀과 눈물의 결정체, 바로 여러분이 들고 있는 "대지에서 태양까지 마라톤 인생"입니다.

책 읽는 내내, 마라톤과 함께하신 이규운 회장님의 노력과 열정이 고스란히 전해졌습니다. 42.195km를 달려 온 것처럼 숨이 가빴습니다. 이규운 회장님이 걸어오신 길에 고개가 절로 숙여졌습니다. 이규운 회장님은 1년간 마라톤대회를 162번이나 개최해 전세계에서 가장 많은 마라톤대회로 기네스북에 기록된 세계가 인정한 운동인입니다. 또한 마라톤뿐 아니라 영등포구의 지역발전에도 도움을 주고 계십니다.

영등포구에서 열리는 '공원사랑마라톤대회'는 10년 넘게 매주 3회씩 이어 왔으며, 코로나 기간에도 사회적 거리두기에 적합한 운영방식으로 방송 프로그램에 소개되는 등 명품 마라톤대회로 인정받아 왔습니다.

이규운 회장님께서 경험하신 신체적·정신적 도전, 개인의 한계를 뛰어넘는 과정을 책을 통해 느끼게 되길 바라며 마라톤에 관심을 가지시고 도전하시는 모든 분에게 길잡이가 되는 자서전이 될 것이라 확신합니다.

다시 한번, 자서전 출간을 진심으로 축하하며 앞으로도 건강한 마라톤의 여정이 이규운 회장님과 함께 계속되기를 기원하겠습니다. 감사합니다.

국내를 넘어 세계로, 마라톤 외교 선구자

최대종 차의과학대학교 AI보건의료학부 교수

국내생활마라톤의 성장에 지대한 공을 세우고 계신 저자님의 자서전 출간을 진심으로 축하드리며, 깊은 존경과 축하의 메시지를 보냅니다.

저자께서는 국내 마라톤의 활성화와 성장에 대회 운영은 물론 홍보, 해외교류등 마라톤의 저변확대에 크게 기여하셨습니다. 또한 해외에 국내 마라톤을 알리고 외국 지도자들 초빙 등 국제적인 저변확대에도 노력하는 등 국내외적으로 생활마라톤의 발전에 평생을 헌신하셨습니다. 이러한 저자의 노고에 감사드리며, 앞으로도 더욱 건강하시어 훌륭한 후배들을 양성하고 국내 마라톤 발전에 큰 역할을 이어가주시기를 바랍니다.

42.195km를 넘어선 리더십

최호권 영등포구청장

안녕하십니까! 최호권 영등포구청장입니다.

한국 마라톤 TV 대표이자 대한생활체육회 마라톤협회장이신 이규운 회장님의 『제주에서 평양까지 마라톤 인생』 자서전 출간을 진심으로 축하합니다.

저자는 오랜 기간 한국 마라톤 발전을 위해 헌신하였으며, 마라톤을 통한 건강 증진과 대중스포츠 활성화에 기여하였습니다.

매월 3개 이상의 대회를 개최하고, 평양까지 행사를 다녀온 그에게 마라톤은 단순한 스포츠를 넘어 신체적 건강뿐 아니라 정신적인 성장을 끌어낸 자기 극복과 인내의 상징입니다.

이 책에는 42.195킬로미터의 마라톤 코스와 함께한 저자의 끊임없는 도전과 성취, 기쁨의 여정이 그대로 담겨 있습니다.

저자의 여정을 통해 많은 이들이 도전의 의미를 새롭게 깨닫고, 꿈을 향해 나아가는 용기를 얻게 될 것이며, 힘든 훈련을 견뎌내고 완주에 성공하는 과정은 읽는 이들에게 깊은 감동을 선사할 것입니다.

  제가 사는 영등포 또한 한강의 아름다운 경관과 다양한 명소, 문화적 매력을 갖춘 곳으로, 마라톤을 즐기기에 참 좋은 지역입니다. '공원사랑 마라톤대회'가 매주 열리고, 발달장애인과 함께하는 '거북이 마라톤대회'가 매년 개최되는 이유이기도 합니다.

  다시 한번 이규운 회장님의 자서전 출간을 축하합니다. 이 책을 통해 많은 사람들이 긍정적인 에너지를 얻게 되고, 저자의 감동 스토리가 더욱 널리 알려지기를 기원합니다. 감사합니다.

땀방울로 닦아낸 한·일 평화의 길
나카무라 카츠노부 이부스키유채꽃마라톤대회 실행위원회 위원장

이규운 회장님, 이번 책 출판을 진심으로 축하합니다. 아울러 지금까지의 노력에 대해 깊은 경의를 표합니다.

이부스키유채꽃마라톤은 40회를 넘는 전통적인 시민 마라톤대회입니다. 40여 년 전, 이부스키 시내의 관광 관계자 등의 뜻으로 관광이 적은 시기에 방문객을 유치하고자 시작되었습니다. 1982년 1월 16일에 출발한 「이부스키 온천 마라톤대회」는, 306명의 참가자와 함께 '대접 일본 제일'이라는 표어를 걸고 시작한 완전한 대회입니다. 현재는 시민과 관계자들이 각지의 참가자들과 교류를 심화시키며, 1만 명이 넘는 참가자가 모이는 큰 대회로 성장했습니다.

오늘날 해외에서도 많은 참가자가 방문할 수 있게 되었지만, 이러한 해외 참가 증가에 가장 크게 기여하신 분이 바로 이규운 회장님이라고 생각합니다. 회장님께서는 매번 30명에서 많게는 189명에 이르는 한국 참가자를 초빙했고, 2015년 제34회 대회부터 4년 연속 한국이 자랑하는

올림픽 마라톤 메달리스트 이봉주 님을 초빙하여 대회에 박력을 실어주셨습니다.

  오랜 세월 귀하의 공적에 깊은 감사를 드립니다. 앞으로도 언제까지나 건강하시고, 육상을 통해 더욱더 교류가 촉진되어 양국 간의 우호 관계가 공고해지기를 바랍니다.

  감사합니다.

타이베이에서 시작된 믿음의 여정

진화항 타이완 마라톤협회 사무총장(陳華恒 中華民國路跑協會 秘書長)

　이 회장님과의 인연은 타이베이마라톤에서 시작되었습니다. 오랜 세월 마라톤 홍보에 종사해 온 회장님의 열정과 정신에 깊은 경의를 표합니다. 이 회장님은 한국에서 마라톤 동호인들을 해외 교류차 대만으로 불러들여 함께 참가하는 한편, 여의도벚꽃마라톤과 다른 대회에 해외와 대만 선수들을 초청하여 대만과 한국 마라톤 교류에 크게 기여하고 있습니다.

　제가 알고 있는 회장님은 국내 각지에서 열리는 마라톤대회뿐 아니라 해외에서도 마라톤대회에 참가할 정도로 마라톤을 사랑합니다. 그와 나눈 사진과 대화를 보면 마라톤이 그에게 얼마나 큰 의미를 지녔는지를 알 수 있습니다.

　회장님의 자서전 소식을 듣고 무한한 축하를 보냅니다. 이 자서전을 통하여 이 회장님의 마라톤에 대한 열정과 한국 마라톤에 대한 공헌을 알 수 있을 것입니다. 강력히 추천합니다.

제주에서 평양까지, 마라톤 인생 30년
— 대한민국 마라톤 진흥의 역군, 제주에서 평양까지의 마라톤 투혼 —

인쇄·발행	2025년 5월 21일
지은이	이규운
펴낸 곳	글로벌마인드(주)
발행·편집인	신수근
편집디자인	고은아
등록번호	제2014-54호
주소	서울 관악구 관악로 105 동산빌딩 403호
전화	02-877-5688(대)
팩스	02-6008-3744
이메일	samuelkshin@naver.com
사이트	www.globalmindmedia.co.kr

ISBN 978-89-88125-65-6 부가기호 03690

정가 18,000원